105
4464
Dauphiné

MEMOIRE

POUR établir la Jurifdiction du Parlement & de la Chambre des Comptes de
Dauphiné fur la Principauté d'Orange.

'ARTICLE du nouveau Traité de Paix,
qui accorde au Duc de Savoye les Vallées
du Briançonnois, caufe un préjudice confiderable au Parlement, & à la Chambre des
comptes de Dauphiné. Il leur retranche une
Jurifdiction, qui s'étendoit fur plufieurs
paroiffes, importantes par le nombre & par
la richeffe de leurs habitans.

Quoique le païs foit refferré par les montagnes, & qu'il ne
foit pas par tout également fertile, les peuples qui l'habitent,
fçavent s'en dédommager par leur induftrie. Ils ont l'art de tirer
de leur terroir, par les foins qu'ils prennent de le cultiver, tout
ce qui peut fervir à leurs befoins & à leurs commoditez. L'avan-
tage de leur fituation leur ouvre le commerce en France &
en Italie, & leur fournit divers moyens de profiter des richeffes
& de l'abondance de leurs voifins. Souvent ils viennent faire
part de leur fortune & des fruits de leurs travaux au refte de
la Province, par des établiffemens qu'ils y font. Ils y acquierent
des charges & des terres. Ils y exercent diverfes profeffions,
& rempliffent dans toute forte de conditions les devoirs de bons
citoyens.

Le penchant, qu'ils ont naturellement pour la France, leur
fait envifager aujourd'huy, comme le plus grand des malheurs,
le deffein qu'on a pris de les en détacher, pour les affujettir
à une Puiffance étrangere. Ils ne peuvent fe refoudre à vivre

A

4464

2

fous d’autres loix que fous celles du Prince, que leurs ancêtres ont toûjours regardé comme leur Souverain legitime. Leur foumiffion ne peut être que forcée, s’il faut qu’ils reconnoiffent d’autres Juges & d’autres tribunaux, que ceux qui portent le caractere de fon autorité. C’eft un fentiment, qui a paffé chez eux de pere en fils, & qui dans l’efpace de plufieurs fiécles, y a pris de fortes racines.

Si un heritage devient plus precieux pour avoir été poffedé par une longue fuite d’ancêtres; combien ces Vallées doivent-elles être cheres à la Province de Dauphiné, dont elles font partie depuis fi long-temps. Ce n’eft point par des traitez ni par des acquifitions, qu’elles lui ont été réünies. On les trouve dans le Domaine des Dauphins dés l’origine de ces Princes. Il ne fera pas inutile d’en raporter les preuves.

S’il n’eft point de titre legitime contre la raifon d’Etat, qui en difpofe autrement dans la conjonéture prefente ; les Compagnies efperent du moins en tirer un motif preffant, qui détermine Sa Majefté à leur accorder un équivalant convenable.

Les Vallées, qu’on retranche du Gouvernement de Dauphiné pour les ajoûter aux Etats de Savoye, font celles d’Oulx où eft fitué le Château d’Exilles, de Pragellas, de Bardonneche, de Cezane & de Château Dauphin. On y compte 3858. familles partagées en 35 communautez. Le raport des terres peut aller par année commune à 300000. livres. Les impofitions ordinaires en emportent au profit du Roy 113935. livres. Mais on ne fçauroit avoir qu’une idée imparfaite de l’importance de ces Vallées, fi l’on ne confidere que leur étenduë, & le nombre des familles qu’elles contiennent, c’eft principalement au commerce, & à l’induftrie des habitans qu’il faut avoir égard, de même qu’à la fituation du païs, comm’on l’a remarqué ci-deffus, pour les eftimer leur jufte valeur.

Le premier des Princes Dauphins, ou pour mieux dire, des Comtes d’Albon, dont la connoiffance foit venuë jufqu’à nous, eft Guigues furnommé le Vieux. Plufieurs titres nous le reprefentent comme Souverain de tout le Briançonnois. On en voit pour les lieux d’Oulx & de Cezane de l’an 1063. où il affigne à l’eglife de S. Pierre d’Oulx les dixmes, qu’il avoit à Oulx, à Cezane, & à Salbertrand, & le tiers des offrandes, que faifoient aux eglifes de ces lieux les pelerins, qui alloient à Rome.

Il lui accorde auſſi les droits, qu'il étoit en coûtume d'exiger dans le temps des foires, qui ſe tenoient à Oulx.

Guigues III. fils de Guigues le Gras étant à Briançon l'an 1105. manda aux Chanoines d'Oulx de ſe rendre auprés de lui, & de comparoître devant les Officiers de ſa Juſtice, pour y être reglez ſur un different, que cette egliſe avoit avec le Receveur des dixmes au ſujet de ſa recette. Lett. B.

On a un monument authentique pour juſtifier que la ville de Cezane fait partie depuis long-temps du Domaine de ces Princes. L'Empereur Frederic I. accorda en 1155. à Guigues V. Comte d'Albon le pouvoir d'y faire battre monnoye, *In villa quæ dicitur Cezana, quæ ſita eſt ad radicem Montis-Jani.* Ce privilege dans le lieu de Cezane fût confirmé l'an 1245. par Frederic II. en faveur du Dauphin Guigues VI. Lett. C. Mont-Genevre. Ibid.

L'autorité des Dauphins n'a pas été moins reconnuë dans tout ce païs ſous ceux de la ſeconde race. Beatrix fille de Guigues V. porta en dot l'heritage de ſes Peres à Taillefer fils du Comte de S. Gilles, qu'elle épouſa en premieres noces. N'en ayant point eu d'enfans, Hugues de Bourgogne ſon ſecond mari fut revêtu des mêmes droits.

Pendant l'adminiſtration qu'ils eurent l'un & l'autre des Etats de la Dauphiné, ils ont fait pluſieurs voyages dans le Briançonnois. Le premier par un acte de 1179. affranchit les Chanoines d'Oulx de tout peage, permit au Prevôt de donner des paſſeports pour entrer ſur ſes terres. On voit encore des marques plus diſtinctes de l'autorité ſouveraine dans le droit, qu'il leur accorda de ſucceder à tous ceux qui mourroient ſans teſter, depuis le Mont-Genevre juſqu'à Suze. Lett. D.

Hugues de Bourgogne confirma tous ces privileges l'an 1188. Par des Lettres Patentes il exempta non-ſeulement le Chapitre de cette egliſe; mais auſſi les hommes, qui en dependoient, de toutes les tailles, qu'il impoſeroit à l'avenir ſur les habitans du païs. Comme il avoit auſſi pluſieurs dixmes dans le territoire d'Exilles, qui fait partie de la Vallée d'Oulx, il en gratifia pareillement cette egliſe, à quoi il joignit l'année d'aprés le don du dixiéme de toutes les mines, qui ſe trouveroient depuis le Mont-Genevre juſqu'au Col de la Rouë. Lett. E. Lett. F. Lett. G.

On ne peut douter que ces mêmes droits ſur tout le Briançonnois & ſur ces Vallées, n'ayent paſſé aux Dauphins de la

Memoires pour servir à l'Hist. de Daup. p. 265.

troisiéme race. Humbert II. le dernier de ces Princes, affecta toûjours de porter le titre de Marquis de Cezane pour l'oppoſer Ibid. p. 259. à celui de Marquis en Italie, *Marchio in Italia*, que les Comtes de Savoye prenoient d'ordinaire; parce qu'en effet l'un & l'autre ſe pouvoient dire Marquis ou Seigneurs des Marches, ou Frontieres d'Italie, à cauſe des terres qu'ils y poſſedoient.

Quelque temps aprés l'arrivée de ce Prince dans ſes Etats, il y eut des troubles excitez par des mecontents dans le Briançonnois. Il s'y tranſporta pour y rétablir le calme. Le lieu d'Oulx fut choiſi pour y faire le procés aux coupables; leur Sentence y fut prononcée. Le Château d'Exilles où ils furent renfermez, étoit dés-lors une place conſiderable, qui couvroit toute la frontiere. Il paroit qu'elle étoit depuis long-temps du Domaine des Dauphins par les termes, dont Humbert uſe dans cette Sen- Ibid. p. 265. & 266. tence, *Item quod Caſtrum Exilliarum, quod eſt noſtrum & Pradeceſſorum noſtrorum fuit &c.* Le Comte de Savoye, qui connoiſſoit l'importance de cette place, avoit pratiqué des intelligences pour la ſurprendre; mais l'ayant donnée en garde à ceux mêmes qui la lui avoient livrée, ils ne pûrent la deffendre contre les habitans du païs, qui ſe mirent en devoir de les y forcer, & de la remettre au pouvoir de ſes anciens maîtres. Ces peuples donnerent dés-lors des marques de la fidelité & de l'attachement, qu'ils avoient pour leurs Princes legitimes, & qu'ils conſervent encore aujourd'hui pour ceux qui leur ont ſuccedé.

Mais rien n'eſt plus precis pour établir la Souveraineté Desponts, Traité des Franchiſes & privileges du Briançonnois, premier Acte. des Dauphins dans toute cette contrée, qu'une tranſaction paſſée entre Humbert II. Et les Deputez de la Principauté du Briançonnois en 1343. Ce Prince, pour éviter les abus, qui ſe commettoient dans la levée de ſes droits, leur abandonna toutes les redevances, dont ils étoient tenus envers les Dauphins, & les affranchit de tous les devoirs feodaux, moyennant une ſomme de 12000. florins d'or, & une rente annuelle de 4000. ducats, qu'on a nommez depuis les ducats Briançonnois.

Parmi les Deputez nommez dans cette tranſaction, on y Ibid. trouve ceux d'Oulx, d'Exilles, de Cezane & de Pragellas, comme faiſant une des parties les plus conſiderables de ce canton.

Choricr. Hiſt. de Dauph. 2. Vol. p. 127. Quant à la Vallée de Château Dauphin dés l'an 1228. il ſe trouve un château de ce nom, bâti par le Dauphin Guigues-

André

André sur la frontiere de Piedmont, pour favoriser la communication, qu'il entretenoit avec les habitans de Turin, qui ne reconnoissoient point alors de Souverain, & pour être à portée de leur envoyer du secours, suivant le traité qu'il avoit fait avec eux.

Le Dauphin Humbert II. en 1336. voulant s'asseurer un passage aussi important, fit construire un nouveau château sur une éminence, qui regne au-dessus de S. Eusebe dans la même vallée. On a dans les Memoires de Dauphiné le detail de la construction de cet édifice & de tous les ouvrages, qu'on y fit pour le mettre en état de deffence. Le soin qu'on prit de tailler le roc pour en jetter les fondemens, les ouvriers & les materiaux qu'on y employa, le lieu qu'on choisit pour sa situation, & toutes les autres circonstances, qu'on y remarque, ne laissent pas douter que ce château ne soit different du précedent, & qu'il n'en ait été bâti à quelque distance.

Il paroît par un acte de 1363. que Galeas frere de Frelin Marquis de Saluces étoit entré à main armée sur les terres du Dauphin, où il avoit commis plusieurs actes d'hostilité. Mais le Marquis de Saluces pour prevenir la guerre, que le Gouverneur de Dauphiné étoit sur le point de porter dans ses Etats, promit par un traité, tant pour lui que pour Galeas son frere, de restituer non-seulement ce qu'il avoit usurpé dans le territoire de Château-Dauphin, mais aussi plusieurs terres, qu'il possedoit aux environs, comme Champ de Vauz, S. Eusebe, Bellin &c. Il s'obligea en même temps de remettre au pouvoir du Gouverneur le fort de Château-Dauphin, autrement dit Château du Pont. Galeas s'étoit saisi de ce château, qu'il avoit trouvé en partie demoli. Il en avoit reparé les ruines, & y avoit fait de nouvelles fortifications. C'est en execution de ce traité que ces terres, qui étoient de la dependance de Saluces, furent unies au Gouvernement de Dauphiné, & qu'elles en ont fait partie depuis ce temps.

Ce seroit en vain qu'on apporteroit d'autres preuves pour établir la souveraineté des Dauphins dans ces Vallées, & pour appuyer sur ce fondement une jurisdiction acquise depuis si long-temps aux Compagnies de cette Province. Si elles en sont depoüillées aujourd'hui, c'est assez pour n'en pas reclamer, qu'on en ait fait une des conditions du traité, & que Sa Majesté pour de plus grandes veües, ait trouvé bon d'y acquiescer : mais en

B

même temps elles ofent recourir à fa juſtice pour obtenir un remplacement, qui repare la perte qu'elles fouffrent. Elle eſt d'autant plus confiderable, que le reſſort de ces Compagnies fe trouve deja fort limité, étant reduit à une Province d'une fort petite étenduë. Cette confideration n'a pas empêché qu'en bien des rencontres elles ne fe foient veu dechûës des pretentions les mieux fondées.

Avant que le Marquifat de Saluces eut été cedé au Duc de Savoye, l'autorité des Compagnies de Dauphiné y étoit reconnuë. Elles en avoient la jurifdiction en dernier reſſort. Elle leur avoit été confirmée par diverfes ordonnances de nos Rois. Rien n'étoit plus juſte aprés l'échange, qui s'en fit avec la Breſſe & le Bugey, que de leur conferver les mêmes droits fur ces nouvelles acquifitions. Cette compenſation s'offroit d'elle-même par la nature du traité. Toutefois ces raiſons ne furent point écoutées ; on transfera à des Compagnies étrangeres une jurifdiction, qui appartenoit legitimement à celles de Dauphiné. C'eſt ce qu'on reconnoîtra aiſément, fi l'on remonte juſqu'à la fource.

Pluſieurs titres nous apprennent, que le Marquifat de Saluces eſt un ancien fief de Dauphiné, les hommages rendus en divers temps par les Marquis de Saluces aux Princes Dauphins, en font une preuve inconteſtable.

La Comteſſe Adelaïde en 1210. pour fe faire des alliez & de protecteurs dans les guerres, qu'elle avoit à foûtenir contre fes voifins, hommagea fes terres au Dauphin Guigues André. Guichenon dans fon Hiſtoire de Savoye, a voulu rendre fufpecte la foy de l'acte, qui nous en reſte. Pluſieurs de ceux qui ont écrit aprés lui, fe font laiſſez furprendre aux raiſons qu'il en apporte ; mais la ratification de cet hommage par Thomas I. Marquis de _{Lettre H.} Saluces, de l'année 1291. confirmée en 1363. qui fe trouve dans les regiſtres de la chambre, leve fur cela tous les doutes, qu'il a pû former.

_{Memoires pour fervir à l'Hiſt. de Dauph. p. 511.} Thomas II. Marquis de Saluces reconnut de nouveau tenir fes terres du Dauphin Humbert II. par un acte authentique paſſé en fon nom en 1343.

Les Comtes de Savoye en divers temps ont voulu obliger ces Seigneurs à les reconnoître. Il y eut en 1390. un celebre arrêt du Parlement de Paris rendu fous Charles VI. entre Amé

Comte de Savoye & Frederic Marquis de Saluces. Ils s'en Lettre I. étoient remis à la decifion de ce tribunal fur l'hommage pretendu par le Comte Amé. Il fut dit que Frederic feroit confirmé dans la poffeffion, où il étoit de ne tenir fes terres en fief que du Roy comme Dauphin.

On trouve une fuite d'hommages rendus aux Rois Dauphins fucceffeurs de Charles VI. en 1375. 1400. 1486. & 1498.

Ce fut en la perfonne de Gabriel Marquis de Saluces, que finit la race de ces Seigneurs. Il étoit le quatriéme fils de Loüis de Saluces, qui en 1515. avoit prêté ferment de fidelité en qualité de vaffal à François I. Michel-Antoine & Jean-Loüis fes enfans joüirent fucceffivement de ce Marquifat. Mais ce dernier ayant quitté le parti de la France pour prendre celui de l'Empereur, il y eut un jugement rendu contre lui, fes terres furent confifquées & mifes fous la main du Roy, qui voulant par un traitement favorable engager à fon fervice François de Saluces troifiéme fils de Loüis, l'inveftit de ces mê- Lettre K. mes terres par des lettres de 1531. adreffées au Parlement de Dauphiné. Elles portent expreffement que François & fes fucceffeurs au Marquifat de Saluces, le tiendront à foy & hommage du Roy comme Dauphin, & qu'au deffaut d'enfans mâles il fera reverfible à perpetuité. L'hommage fut prêté en confequence par François de Saluces, qui joüit paifiblement de ce Marquifat jufqu'en 1536. Il fut honnoré dans cet intervalle de plufieurs marques de la confiance du Roy, & même du commandement de fes armées. Ce qui n'empêcha pas qu'à l'exemple de Jean-Loüis fon frere il ne manquât à fes engagemens, & n'entretint des intelligences fecretes avec l'Empereur.

Le Parlement de Grenoble eut ordre de lui faire fon pro- Lettre L. cés dans toutes les formes. La charge de premier Prefident étant alors vacante, celui de Touloufe fut nommé pour prefider au jugement; mais n'ayant pû s'y trouver, le Roy par de nouvelles lettres leva la difficulté, que le Parlement faifoit d'y proceder en fon abfence, & donna bien-tôt aprés un nouveau chef à cette Compagnie. En execution de cet ordre elle envoya des Commiffaires fur les lieux, pour informer des pratiques fecretes de François de Saluces avec les ennemis de l'Etat. Sa retraite chez eux ne laiffant plus douter de fa trahifon, il fut traitté de vaffal rebelle. Ses terres étant de la

8

mouvance du Dauphin, elles tomberent en commife, & furent
reünies au fief dominant.

Gabriel, qui étoit refté le feul des enfans de Loüis, avoit em-
braffé l'état Ecclefiaftique , il étoit alors éleu Evêque d'Aire.
Ayant appris qu'avant la mort de fon frere, fes terres avoient
été confifquées, à caufe de fa felonie, il recourut à la clemence
du Roy, qui preffé par fes inftances, luy rendit le Marquifat
avec toutes fes appartenances, aprés avoir exigé de luy l'hommage & le ferment dans la même forme que les precedents.

Ce dernier fuivit exactement fes devoirs , & joüit paifiblement de fes Etats fous la protection du Roy, depuis 1537.
jufqu'au temps de fa mort, qui arriva en 1549. Il avoit époufé
quelques années auparavant Madeleine d'Annebaut fille de
Jaques d'Annebaut Maréchal de France , & de Françoife de
Tournemine. Mais n'en ayant point eu d'enfans fes Etats furent reunis à ceux du Dauphin fuivant la loy de l'inveftiture.
Ce fût en cette qualité que Henri II. qui regnoit alors s'en mit
en poffeffion. Ses premiers foins, aprés la reduction du païs fous
fon obeïffance, furent d'y faire des reglemens pour l'adminiftration de la juftice & des finances. Il nomma quelques
Officiers du Parlement de Grenoble, pour aller fur les lieux
prendre les inftructions neceffaires fur la forme du Gouvernement & fur les ufages du païs. Il y établit trois Juges ordinaires fous le nom de *Podeftâ* pour les caufes naiffantes. Ils
devoient refider dans les trois villes principales du Marquifat, Saluces, Carmagnolles & Dronier. Les apellations de leurs
jugemens fe relevoient devant un Senefchal, ou Prefident de
la Province, qui tenoit fon fiege à Saluces.

Ce tribunal étoit compofé des mêmes Officiers que les Se-
nefchauffées de France, & n'exerçoit comme eux qu'une juftice
fubordonnée, qui reffortiffoit au Parlement de Grenoble *comme
étant ledit Marquifat fief dépendant du païs de Dauphiné, uni &
incorporé à icelui;* ce font les termes de l'edit.

Cette fuperiorité étoit encore marquée par la reception des
Officiers , dont les provifions étoient toûjours addreffées au
Parlement , fuivant ce qui fe pratique en France à l'egard des
Officiers des juftices fubalternes.

Le même ordre étoit obfervé pour les finances fous l'autorité de la Chambre des comptes. C'étoit à cette Compagnie

de

de prendre connoissance de toutes les levées de deniers, d'en faire rendre compte à ceux qui en étoient chargez , & de les mettre en possession des offices, qui leur en attribuoient le maniment. Telle étoit la forme des lettres que ces Officiers obtenoient du Roy.

Celles du Receveur general établi dans le païs l'an d'après sa réünion font foy de cet usage. Pendant que ce même païs est demeuré au pouvoir de la France, cette subordination aux Compagnies de Dauphiné y a été constamment reconnuë. Lettre P.

Peu de temps aprés que le Parlement eut été revêtu de cette jurisdiction, le nombre de ses Officiers fut accrû de six Conseillers. Dans la même année, on donna un second President à la Chambre des comptes : on ne crut pas qu'un seul pût suffire pour tous les comptes qui s'y devoient rendre aprés cette augmentation de ressort. C'est ainsi que s'en expliquent les lettres de provision de ce nouveau President. Lettre Q.
1553.
Lettre R.

Le droit des Compagnies étant si bien affermi , il n'étoit pas possible qu'il reçût aucune atteinte ; & ce fut envain que les Etats de Saluces entreprirent de se souftraire à leur jurisdiction sous Charles IX. Ils demanderent à ce Prince que pour leur soulagement, il lui pleût d'établir chez eux une Cour superieure, & qu'à ces fins le Marquisat de Saluces fût desuni du Parlement de Dauphiné. Mais le Roy ne voulut rien statuer sur ce sujet sans en donner avis aux Compagnies. Aprés que leurs Deputez eurent été oüis, elles furent confirmées dans leur possession. Il fut ordonné que le Marquisat seroit à perpetuité uni à leur ressort, & demeureroit toûjours incorporé au Dauphiné. Lettre S.

Les choses ont subsisté en cet état jusqu'à l'an 1588. que Charles-Emanuel Duc de Savoye profitant des troubles, qui menaçoient le Royaume, s'empara du Marquisat sous pretexte de le conserver sous l'obéïssance du Roy, & d'empêcher que les huguenots ne s'en rendissent les maîtres. C'est le pretexte specieux dont il couvroit son usurpation. La justice cependant y fut toûjours exercée au nom du Roy, & par les Officiers, qu'il y avoit établis. Mais le Duc voyant que l'orage n'étoit pas prêt à finir, & que le desordre croissoit tous les jours dans le Royaume, crut qu'il étoit temps de lever le masque, & de faire valoir les anciennes pretentions de ses predecesseurs. Persuadé d'ailleurs que les Espagnols appuyeroient ses interêts dans une Guichenon
Hist. de Breffe
p. 108.

C

negociation de paix, il fit de grandes inſtances aux conferences de Vervins, pour être maintenu dans la poſſeſſion de ce Marquiſat. Mais aprés de longues difcuſſions ce point n'ayant pû être reglé, il fut renvoyé à la deciſion du Pape, pour être terminé aprés la concluſion de la paix.

Clement VIII. en 1601. envoya en France le Cardinal Aldobrandin ſon neveu en qualité de Legat. Il y eut pluſieurs aſſemblées tenuës à Lyon en ſa preſence par les Deputez de France & de Savoye. Pluſieurs expediens furent propoſez, dont on ne put convenir. L'échange du Marquiſat avec la Breſſe & le Bugey fut enfin accepté, non ſans beaucoup de reſiſtance de la part du Duc.

Le traité fut conclu le 17. de Janvier 1601. Depuis ce temps les Ducs de Savoye ont joüi paiſiblement de ce Marquiſat. La Breſſe, le Bugey & le Valromey ſont demeurez à la France, & ont été joints au Gouvernement de Bourgogne: ainſi le Dauphiné a perdu un ancien fief, qui étoit depuis long-temps de la dependance de ſes Princes. Les Corps de juſtice & de finances ont été privez d'une partie conſiderable de leur reſſort, & les païs cedez en échange, qui leur devoient tenir lieu de remplacement, ont paſſé ſous une juriſdiction étrangere.

Si la preference accordée en cette occaſion au Parlement de Bourgogne a eu pour motif l'union, qui ſubſiſtoit alors de la Chambre de l'Edit au Parlement de Dauphiné; on doit convenir que la conjoncture ne pouvoit être plus fatale pour cette Compagnie, à qui il n'en eſt reſté qu'un plus grand nombre d'Officiers dans une moindre étenduë de reſſort. On n'a qu'à rappeller ſur cela ce qui s'eſt paſſé en 1679. au ſujet des Chambres de l'Edit. Celle qui étoit établie à Grenoble fut incorporée au Parlement. Les Officiers, dont elle étoit compoſée furent diſtribuez dans les Chambres pour y ſervir, & pour y avoir rang parmi les autres Preſidens & Conſeillers.

Il eſt connu de tout le monde que pour appaiſer les troubles excitez en France ſous le regne de Henry III. par ceux de la religion, on leur accorda pluſieurs articles des demandes qu'ils faiſoient. Ils inſiſtoient principalement à avoir leurs cauſes commiſes devant des Juges de leur religion. On ſe relâcha ſur ce point pour s'accommoder au temps. Il eſt porté par diverſes ordonnances, qui furent faites alors ſous le nom

d'Edits de pacification, qu'il y auroit des tribunaux dans quelques villes du Royaume, compofez d'Officiers de l'une & de
l'autre religion. On les nomma par cette raifon Chambres
de l'Edit.

Dans le nombre de celles qui furent creées en execution de
l'edit de 1577. il s'en trouve une pour Grenoble. Il devoit y
avoir deux Prefidens & douze Confeillers. On l'appella d'a-
bord Chambre *tripartie*, ainfi que toutes les autres Chambres
de l'Edit ; parce qu'il n'y avoit qu'un Prefident & quatre Confeillers, qui fuffent de la nouvelle religion, les autres étoient
tirez du Corps du Parlement. Chacun des Officiers de ce Corps
y devoit fervir une année à tour de rolle fur des commiffions
expediées par ordre du Roy. Voyez l'edit de 1577. dans la grande Confe-rence des Or-donnances par Guenois tom. 1. p. 404. Lettre T.

Suivant ce même edit cette Chambre devoit tenir fa féan-
ce fix mois à Grenoble & fix mois en telle autre ville de la
Province, qu'il plairoit au Roy de nommer. Cette difpofition
fut changée en 1598. Toutes les Chambres de l'Edit furent
reduites à celles de Paris, de Caftres, de Grenoble & de Bourdeaux. On conferva dans celle de Grenoble les mêmes Officiers, qui avoient été établis par les precedents edits ; mais avec
cette difference que les Juges y devoient être en nombre égal
de l'une & de l'autre religion ; d'où lui vint le nom de Chambre
mi-partie, ainfi qu'à celles de Caftres & de Bourdeaux. On crea
à cet effet un Prefident & trois Confeillers de la nouvelle religion, pour remplir avec les trois qui reftoient des precedentes
creations, le nombre d'Officiers, dont on s'étoit propofé de former ce tribunal. Ce font ces Officiers là même incorporez au
Parlement, qui en augmentent aujourd'huy le nombre fans en
augmenter la jurifdiction. *Ibid.*

Recueil des Edits de Pacific. de l'édition de 1612. p. 509. & fuiv,

Il a eu le même fort, & il a fouffert une crüe d'un pareil
nombre d'Officiers, pour fe conferver la jurifdiction des Aides.
Quoy qu'elle luy appartint originairement, elle en fut deta-
chée pour être exercée feparément fous le nom de Cour des
Aides. S'il l'a recouvrée depuis, ce n'a été qu'à la faveur des
nouveaux Officiers dont cette Compagnie a été accrüe, quoique deja fort nombreufe. On ne peut douter que cette multi-
plication d'offices dans les mêmes Compagnies ne foit pre-
judiciable à leurs interêts, & qu'elle n'en affoibliffe les droits
& les honneurs en les partageant, fur tout fi ce defavantage

n'eſt point reparé par quelque nouvelle attribution. Le bon ordre & l'équité ſemblent demander en pareil cas un équilibre & une proportion. C'eſt ce qu'on ſupplie Sa Majeſte de conſiderer. Elle verra peut-être avec quelque ſurpriſe que ce même Corps compoſé aujourd'huy de 64. officiers n'en comptoit que 15. en 1549. & 1553. pour exercer les mêmes fonctions, quoique ſon reſſort fut d'une plus grande étenduë, comme on en peut juger par les démembremens, que cette Province a ſoufferts depuis ce temps.

J'aurois pû comprendre parmy ceux que j'ay raportez cy-deſſus le Faux-bourg de la Guillotiere, & ſon territoire, qui en ont été detachez & pris ſur ſes anciennes limites. C'eſt ce qu'on pourroit juſtifier par des titres, dont la foy ne peut être ſuſpecte. Un acte authentique de 1241. où l'on trouve les confins de la terre de Chandieu ſur les extremitez de Dauphiné, les étend juſques dans le lit du Rhône, auſſi avant qu'un cheval y peut entrer ſans nager. Mais je n'entreray point à preſent dans tous ces détails, je ne me ſuis propoſé que d'établir les raiſons, qui donnent lieu au Parlement & à la Chambre des comptes de Dauphiné de demander au Roy un dedommagement, qui repare une partie de leurs pertes.

Les vallées du Briançonnois enlevées à la Province, cette ancienne portion du domaine des Dauphins ſouſtraite à la juriſdiction des Compagnies, le remplacement qu'elles avoient droit d'eſperer pour le Marquiſat de Saluces, attribué à une Compagnie étrangere, tant d'offices creez en divers temps ſans augmentation de reſſort, ſont autant de motifs, qui doivent exciter dans l'eſprit de Sa Majeſté ces grands ſentimens d'équité, qu'elle prend toûjours pour regle & pour guide. Ils ne peuvent manquer de la diſpoſer favorablement dans la conjoncture preſente, où il s'agit de réunir la Principauté d'Orange à une de ſes Provinces, & d'y établir en même temps des Magiſtrats, pour faire reconnoître ſes loix & maintenir l'ordre dans ſes finances.

Si tant de raiſons, qu'on vient de repreſenter, ſollicitent puiſſamment pour les Compagnies de Dauphiné ; combien de circonſtances avantageuſes ſur le fait même de cette Principauté, ſemblent devoir déterminer Sa Majeſté en leur faveur.

Pluſieurs

PLUSIEURS titres, qu'on eſt en état de produire, ne laiſſent Seconde Par.
pas douter que les Princes d'Orange n'ayent fait hommage
aux Dauphins de quelques unes de leurs terres , & qu'ils ne
leur ayent enfin aſſujetti la principauté d'Orange.

Ces marques de ſuperiorité ſont par-tout repanduës dans les
regiſtres de la Chambre. On les deméle ſenſiblement dans
quelques arrêts des Compagnies rendus au ſujet de cette Principauté, qui ſont autant de preuves de la juriſdiction ſuperieure,
qu'elles y ont exercée. Si cette poſſeſſion a été quelquefois
interrompuë, ce n'a été que par le credit de ces Princes, à qui
nos Roys, au prejudice des droits, qu'ils s'étoient acquis, ont
voulu laiſſer quelque marque de leur ancienne indépendance.

Depuis que la Principauté d'Orange forme un Etat ſeparé ,
elle a appartenu à quatre Maiſons differentes. La premiere eſt
celle d'Orange, autrement dite au Cornet ; les autres ſont
celles des Baux, de Châlon & de Naſſau.

Si l'on s'en rapporte à quelques Hiſtoriens, le premier des De la Piscine.
de la Princip a-
té d'Orange p.
61. 62. & 63.
Seigneurs de la Maiſon d'Orange, fut Guillaume au Cornet,
qui vivoit vers l'an 800. Sa poſterité n'eſt pas connuë juſqu'à
Tiburge fille de Rambaud II. Cette Princeſſe environ l'an
1115. eut de Guillaume II. d'Orange quatre enfans, Elle par-
tagea entre eux ſa Principauté, à la charge qu'ils ne pourroient jamais l'aliener. Cette clauſe n'empêcha pas, que peu de Ibid.
temps aprés les Chevaliers de S. Jean de Jeruſalem n'en ac-
quiſſent une moitié.

Tiburge II. qui étoit reſtée ſeule heritiére de cette Maiſon, Ibid. p. 64.
en porta tous les biens dans celle des Baux, par ſon mariage 1173.
avec Bertrand des Baux, de qui ſont deſcendus les Princes
d'Orange de la ſeconde race.

Charles II. Roy de Sicile & Comte de Provence, eut par Ibid. p. 77. &
128.
échange en 1307. des Chevaliers de S. Jean, la portion dont
ils joüiſſoient. Bertrand des Baux III. du nom voulant faire
valoir les droits, qui lui étoient échûs du chef de Tiburge,
ſoûtint que la deffenſe portée par ſon teſtament rendoit nulles
toutes les aliénations, qui avoient été faites de cette Principauté.
Et par un acte du 21. de Novembre de la même année, il
s'oppoſa à la priſe de poſſeſſion, que Bertrand de Marſillac ſe
diſpoſoit d'en faire au nom de Charles II.

Dans un traité ſuivant du 22. de Mars 1308. Charles II. Ibid. p. 77.

remit à Bertrand des Baux la portion qu'il avoit acquife des Chevaliers, fous certaines conditions, dont les Comtes de Provence ont depuis prétendu, que l'hommage de la Principauté étoit une des principales.

Ibid. p. 125.& 128. Jufqu'alors on n'a pas de preuves qu'elle relevât d'aucun Seigneur ; mais on ne peut défavoüer qu'il ne fe trouve quelques hommages rendus depuis ce temps-là aux Comtes de Provence par les fuccefleurs de Bertrand, à quoi toutefois ils ne fe font foumis qu'avec peine. Raimond V. fit des proteftations folemnelles pour la confervation de fes droits, dans une aflemblée des Etats de Provence tenuë à Aix en 1388. Depuis il affecta toûjours de fe qualifier, *Prince d'Orange par la Grace de Dieu*, pour marque de fouveraineté.

Marie des Baux recueillit fa fucceffion. Elle époufa Jean de Châlon en 1393. C'eft par ce mariage que la Principauté d'Orange eft tombée dans la Maifon de Châlon. Quelque temps aprés, la Comté de Provence échût par la mort de Loüis III. Roy de Sicile, à René d'Anjou fon frere, qui fe trouvant alors prifonnier du Duc de Bourgogne, emprunta 15000. francs de Loüis de Châlon Prince d'Orange, pour le payement de fa rançon. Il *Ibid.* Voyez ci-deffous Lettre A A. s'obligea par un acte du 6. d'Août 1436. de les lui rendre dans un certain temps, au-delà duquel, s'il n'y avoit fatisfait, il lui remettoit des-lors le fief & l'hommage des terres, qu'il tenoit de lui, pour les poffeder franches & libres de tous devoirs feodaux. Aprés le terme expiré le rembourfement de cette fomme a fouvent été offert à Loüis de Châlon, qui ne l'a jamais voulu accepter. On ne voit pas que René ni fes fuccefleurs ayent fait depuis aucunes pourfuites pour le rétabliffement de leurs droits fur cette Principauté. Les Princes d'Orange ont toûjours refufé de les reconnoître, fans que ceux-ci fe foient mis en devoir de Lettre Z. les y contraindre. La tranfaction paffée en 1471. entre le Prince d'Orange & le Sindic des habitans de la Principauté en eft une preuve fenfible. Il s'agiffoit de regler les degrez de jurifdiction, pour le jugement des procés. Il falloit auffi affigner un tribunal pour les dernieres appellations. Rien n'eut été plus inutile qu'un pareil reglement, fi les Comtes de Provence euffent été en poffeffion de la Souveraineté. On n'auroit pû éviter de reconnoître leur juftice, puifqu'il n'eut appartenu qu'à eux feuls de la faire exercer en dernier reffort. C'eft à quoi la dif-

pofition de cet acte ne paroît point conforme. Les caufes naiffantes devoient être traitées devant un Viguier ou Juge ordinaire. On alloit de ce Juge à celui des fecondes appellations, &
en cas d'appel de la fentence de ce dernier, les parties pouvoient
fe pourvoir au Prince même, ou à celui, qu'il avoit nommé
pour Gouverneur ou Regent de fes Etats.

Si tous ces Juges, qui étoient autant d'Officiers établis par le
Prince, donnoient lieu de recourir de leurs jugemens, ou même
en cas d'oppreffion de la part du Prince, les habitans pouvoient
s'adreffer indifferemment à toute autre Cour de juftice : *Vbi eis*   *Ibid.*
feu eorum alteri recurrere bonum videbitur.

Avant que de paffer outre, il eft à propos de remarquer
que les Princes d'Orange tant de la Maifon des Baux, que de
celle de Châlon, avoient toûjours eu beaucoup d'attachement
pour celle des Dauphins, jufqu'à fe rendre leurs vaffaux, &
à prendre d'eux des terres en fief.

Raimond des Baux Prince d'Orange en 1 3 3 9. fe déclara Raimond IV.
homme lige d'Humbert II. à caufe de la terre du Poüet en Gapen- Memoires pour
çois; il s'obligea de le fervir à la guerre de trois hommes d'armes fervir à l'Hift. de
montez & équipez à fes dépens. En 1 3 4 1. & depuis en 1 3 4 9. Daup. p. 399.
  Ibid. p. 660.
Raimond fon fils rendit hommage au même Humbert II. & Raimond V.
fucceffivement à Charles, premier Dauphin de France, des
terres de Curneyer, Montbrifon, la Parerie de Novefan &
Sahune, qui lui avoient été infeodées par ces Princes.

Les Seigneurs de la Maifon de Châlon, dont les defcendans
ont poffedé la Principauté d'Orange, tenoient auffi plufieurs
terres de la mouvance des Dauphins. Jean de Châlon fils de
Beatrix de Viennois, reçût du Dauphin Humbert II. à titre de *Ibid.* p. 255.
foy & hommage, les terres d'Orpierre, de Trefcleoux, & enfuite celle d'Auberive. Le même, pour refferrer plus étroite-
ment les nœuds qui l'attachoient au Dauphin, voulut tenir de
lui en augmentation de fief plufieurs terres, qu'il avoit en Breffe
& en Franche-Comté, entre autres la Baronie d'Arlai. Ceux de
cette Maifon, qui parvinrent depuis à la Principauté d'Orange,
l'ont poffedée conjointement avec plufieurs fiefs, qu'ils tenoient
des Dauphins, tant de leur chef que de celui de la Maifon des
Baux. Ils ont voulu même que ces fiefs n'en puffent être feparez, Voyez ci-def-
l'ayant expreffement deffendu à leurs defcendans. Il femble que fous Lett. Q Q.
la qualité de vaffal des Dauphins, étoit devenuë hereditaire

dans la Maiſon de ces Princes, avant même qu'ils euſſent fait hommage de la Principauté d'Orange. Ce n'a été que ſous Loüis XI. en 1475. que Guillaume de Châlon declara pour lui & les ſiens ne la tenir deſormais qu'à titre de fief relevant de Dauphiné. Il y eut à ce ſujet un traité ſolemnel fait à Roüen le 11 de Juin dont l'occaſion fut celle-ci.

Lettre A A.

Guillaume de Châlon étant reduit à engager ſa Principauté pour trouver les ſecours, dont il avoit beſoin dans la neceſſité de ſes affaires, offrit au Roy (dont il vouloit gagner l'amitié & la protection) de lui rendre hommage de cette Principauté. Il lui fit entendre que le droit de ſouveraineté pretendu par les Comtes de Provence, avoit été aliené en faveur de Loüis de Châlon ſon pere par René d'Anjou ; que le Roy comme neveu & plus proche parent de ce dernier, pouvoit exercer le retrait lignager, & reprendre en cette qualité l'hommage, que ce Prince avoit transferé à un étranger.

Loüis XI. ſe laiſſa perſuader aiſement & uſa du privilege de la loi. Pour une ſomme de 40000. écus, qu'il donna à Guillaume de Châlon, il ſe fit ſubroger aux droits cedez par le Roy René à Loüis de Châlon. C'eſt ainſi qu'étant devenu Seigneur ſouverain de la Principauté d'Orange il la réunit au *fief Delphinal*, & en attribua la juriſdiction ſuperieure au Parlement & à la Chambre des comptes. Il n'apporta aucun changement à l'ordre, qu'il trouva établi pour les premieres & les ſecondes appellations. Il le laiſſa ſubſiſter comme il avoit été reglé du conſentement des habitans par la tranſaction dont il a été parlé cy-deſſus. Quant aux dernieres appellations, il ſe contenta de fixer en faveur des Compagnies de Dauphiné la liberté que ceux-ci s'étoient reſervée de recourir en cas de beſoin à une Cour étrangere.

Lettre B B.

L'hommage de Guillaume de Châlon ſuivit de prés ce traité. Il fut rendu le lendemain dans la même ville, en preſence de pluſieurs Prelats & Seigneurs, qui étoient à la ſuite du Roy. On y remarque Jean de Daillon Seigneur du Lude Gouverneur de Dauphiné. Il eſt porté expreſſement par l'acte qui nous en reſte, que le Prince d'Orange ayant un genou à terre, les mains jointes entre celles du Roy ſe declara ſon homme lige à cauſe de la Principauté d'Orange. La formule de l'hommage fut lûë à haute voix par Philippe de Commines Chambellan du Roy,

dont

dont le nom est devenu celebre par les Memoires, qu'il nous a laissez. Elle étoit conçuë en ces termes : *Vous devenez homme lige & subjet du Roy nôtre Sire cy present, comme Dauphin de Viennois, lui faites hommage lige & serrement de feaulté à cause de vôtre Seigneurie & Principauté d'Orange, laquelle vous confessez & advouez tenir pour vous, vos successeurs, & ceux, qui de vous auront cause, & connoissez etre subjette & tenuë perpetuellement de lui comme Dauphin & de ses successeurs Dauphins de Viennois, aussi etre subjette en jurisdiction, & dernier ressort du Roy & de son Parlement de Dauphiné &c.*

Par des lettres du même jour, le Roy donne avis au Parle-Lettre C C. ment & à la Chambre des comptes de l'hommage, que Guillaume de Châlon venoit de rendre de sa Principauté. Il leur ordonne de l'en mettre en possession, & de faire cesser tous les empêchemens, qu'il pourroit y rencontrer ; à la charge qu'il donneroit son denombrement dans le delai accoûtumé, & suivant les usages du païs.

Peu de jours aprés la Chambre des comptes de Paris eut Lettre DD. ordre de Monsieur le Chancelier, d'envoyer à celle de Grenoble les actes originaux de l'hommage & de la reconnoissance du Prince d'Orange, de même que ceux de la réünion de la Principauté au ressort de Dauphiné, l'intention du Roy étant qu'ils y fussent gardez & enregistrez, & qu'on en mît seulement un *transcript* dans le thresor de ses chartres.

Loüis XI. pour marquer la satisfaction qu'il avoit de ce traité, voulut non-seulement en entretenir les conditions ; mais leur donner encore plus d'étenduë. Il consentit que Guillaume de Châlon prît comme auparavant la qualité de *Prince d'Orange par la grace de Dieu*, qu'il pût faire battre monnoye au coin de ses armes, donner grace aux criminels, & qu'il joüît de toutes les autres prerogatives de la Souveraineté : *sauf à lui & à ses Successeurs Dauphins l'hommage lige, dernier ressort & jurisdiction en Souveraineté.* Ce sont les termes, dont il usa dans Lettre E E. ses lettres, qu'il adressa au Parlement & à la Chambre des comptes de Dauphiné, avec ordre de tenir la main à leur execution.

Guillaume de Châlon ne survéquit pas long-temps à ce traité. Il eut pour successeur Jean de Châlon son fils, qui fut investi de la Principauté d'Orange, aprés avoir reconnu la superiorité

E

du Roy , & lui avoir rendu les devoirs, dont il étoit tenu en
qualité de vaſſal. Il obtint des lettres en conſequence , dattées
du 7. de Septembre à S. Florent-les-Saumur , adreſſées aux
Compagnies de Dauphiné , comme celles de Guillaume ſon
pere. Elles étoient conçûës dans les mêmes termes , & con-
firmoient de plus en plus la juriſdiction de ces Compagnies ſur
la Principauté d'Orange.

Jean de Châlon oublia bien-tôt les engagemens, qu'il avoit
pris avec le Roy. Il ſe ligua avec ſes ennemis & forma un parti
pour leur livrer la Bourgogne. Sur les premiers avis de ſa re-
volte, Loüis XI. donna ordre au Parlement de Dauphiné de
mettre ſous ſa main la Principauté d'Orange & les terres , qui
en dépendoient.

On voit à ce ſujet une lettre, qu'il écrivit au Premier Preſident.
La procedure de ſaiſie fut faite dans toutes les formes par les
Commiſſaires du Parlement envoyez ſur les lieux. On y publia
par leur ordre que nul n'eût à reconnoître les Officiers du
Prince d'Orange , & qu'on n'obéît deſormais qu'à ceux qui
ſeroient établis de l'autorité du Roy. Ils nommerent à cet effet
un Regent, un Viguier & tous les autres Officiers , pour l'adminiſtration des fonctions publiques.

Il y eut le 20. de Septembre de la même année , un arrêt du
Parlement , rendu par contumace contre Jean de Châlon , qui
le declara convaincu du crime de felonie , pour avoir porté les
armes contre ſon ſouverain Seigneur. En conſequence la
Principauté d'Orange & toutes ſes dependances furent con-
fiſquées au profit du Roy , pour être conformement à ſes volon-
tez , unies & incorporées à ſon païs de Dauphiné ſans en pouvoir
jamais être ſeparées.

Le Roy fit don l'année d'aprés de toutes les terres du Prince
d'Orange à Philippe de Hochbert, Seigneur de Bandeville ,
Mareſchal de Bourgogne. Il s'en reſerva l'hommage & la juriſdiction en dernier reſſort. L'exercice en fut conſervé au Parlement & à la Chambre des comptes de Dauphiné

Dans l'intervalle qu'il y eut depuis la réünion des terres
d'Orange au Domaine Delphinal , juſqu'à la ceſſion que le Roy
en fit à Philippe de Hochbert , on trouve un compte des revenus
de la Principauté échûs au profit du Roy. Jvonet Herbert , qui
avoit été chargé de cette recepte , en compta devant les Officiers

de la Chambre des comptes. Le même ayant eu l’adminiſtration de l’Evêché d’Orange, en rendit compte à cette Compagnie, pour les années 1477. & 1478. Cet Evêché étoit demeuré vacant pendant pluſieurs années , & le temporel en avoit été mis ſous la main du Roy. Charles VIII. qui regnoit alors , donLettre M M. na ordre au Parlement & à la Chambre de mettre en poſſeſſion le nouveau pourvû. Dans cette année, qui étoit la premiere de ſon regne, il accorda à Jean de Châlon la main-levée de ſes Lettre N N. terres , ſur ce qu’il ſe trouvoit compris dans le traité conclu peu de temps avant la mort de Loüis XI. avec le Duc d’Autriche. Il commit à ces Compagnies le ſoin de le rétablir dans ſes Etats , & de l’en faire joüir ſans aucun égard aux dons ny aux autres diſpoſitions, qu’il pourroit en avoir faites.

Il n’eſt pas hors de propos d’obſerver en cet endroit , que Charles d’Anjou avoit ſuccedé au Roy René ſon oncle en la Comté de Provence , & étoit mort peu de temps aprés luy. Par ſon teſtament de 1481. il avoit nommé le Roy Loüis XI. ſon heritier, pour en joüir lui & ſes Succeſſeurs Roys. Cependant lors que la Principauté d’Orange fut renduë par Charles VIII. à Jean de Châlon, il ne paroît pas que les Officiers de Provence ayent fait aucune inſtance pour en obtenir la juriſdiction. Ils étoient des-lors Officiers du Roy ; le Dauphiné & la Provence lui appartenoient également. Il lui eut été indifferent leſquels des Officiers de ces deux Provinces euſſent exercé la ſuperiorité de ſa juſtice ſur cette Principauté.

On ne peut diſſimuler que le droit des Compagnies n’ait reçû quelque atteinte , lorſque Loüis XII. fut parvenu à la Couronne. Jean de Châlon ne ſe contenta pas d’avoir recouvré ſes Etats, il ſongea à profiter de la faveur , où il étoit auprés du Roy , pour ſe faire tenir quitte de l’hommage & de la ſujettion, que Loüis XI. lui avoit impoſée. Il eut aſſez de credit pour ſe faire rétablir dans tous les droits de la Souveraineté, & pour être déchargé en même temps des 40000. écus que Guillaume de Châlon ſon pere avoit reconnu devoir à Loüis XI.

Le Procureur General du Parlement y forma oppoſition , le Lettre O O. Châtelain du Buis ſon Subſtitut ſignifia en ſon nom une proteſtation au Viguier d’Orange. Il y appelloit au Roy , au Gouverneur & au Parlement de Dauphiné de l’execution des Lettres accordées au Prince d’Orange , comme ayant été obtenuës par furprife , & fans qu'il eut été oüi , quoi qu'il s'agît de l'intereft public ; puifqu'il importoit extrêmement à cette Province , de conferver dans fa dépendance la Principauté d'Orange, qui étoit une des clefs du païs , & qui en affûroit la frontiere.

Lettre P P. Sur les plaintes, qui furent portées au Roy par Jean de Châlon de l'inexecution de fes ordres , il y eut de nouvelles lettres adreffées à la Chambre des comptes pour faire départir le Procureur General de fon oppofition.

Il femble toutefois que Loüis XII. n'avoit pas pretendu s'être dépoüillé abfolument du droit de fuperiorité fur les Prin-*Lettre Q Q.* ces d'Orange. Il ordonna en 1501. au Parlement de réünir à la Baronnie d'Arlai , qui *avoit été reconnuë du fief Delphinal*, les Seigneuries d'Orpierre , Trefcleoux &c. Les mêmes lettres portent que la Seigneurie de Condorcet feroit pareillement réünie à la Principauté d'Orange, pour être tenuë , felon les termes de l'acte , *enfemblement & comme jointes & unies à icelles , chacun en fon endroit fous nôtre fief Delphinal.* Quelque explication favorable que les Princes d'Orange ayent voulu donner à ces termes , on ne fe perfuadera jamais que ces deux terres étant devenuës des fiefs de même nature , par l'union que le Roy en ordonne , l'une puiffe être confiderée comme affranchie de tous droits , pendant que l'autre demeure dans fon ancienne dépendance.

Lettre R R. Peu de temps aprés ce même Prince maintint Guillaume Peliffier dans la joüiffance de l'Evêché d'Orange contre les pretentions de Jean le Franc, qui en avoit obtenu des provifions du Pape. Ce fut au Parlement de Dauphiné comme deja revêtu de jurifdiction, que le Roy commit l'execution des lettres, qu'il lui accorda. Elles s'expliquent ainfi : *En maniere que par la voye de Rome il ne foit troublé ne molefté , ne tiré hors de nôtre Royaume & païs de Dauphiné.*

Sous François I. Guillaume Peliffier devenu paifible poffeffeur de cet Evêché , voulut rendre au Roy l'hommage qu'il lui devoit, mais à caufe de fon grand âge & de fes indifpofitions , il demanda un delai de fix mois , pour y pouvoir fatisfaire en per-*Lettre S S.* fonne, ainfi qu'il y étoit tenu. Au bout de ce terme l'hommage fut rendu entre les mains de Pierre du Terrail fi connu fous le nom de Chevalier Bayard. Il étoit alors Lieutenant du Gouverneur de Dauphiné. Il fut affifté dans cette fonction des Officiers

du Parlement

& de la Chambre. L'Evêque par l'acte qui nous en reſte, reconnoît tenir ſon temporel du Roy en ces termes : *Ipſam tem-* *poralitatem fuiſſe & eſſe de feudo & ſub homagio præfati domini Dalphini, & in eâdem qualitate tenere, & poſſidere ipſam tem-poralitatem &c.*

Les termes, dont il uſe dans ſa requête, meritent d'être remarquez. Il ſupplie le Roy ſouverain Seigneur de la Principauté d'Orange en qualité de Dauphin, de recevoir ſon hommage ſuivant ce qui avoit été pratiqué à l'égard de ſes predeceſſeurs. *Quod ſui prædeceſſores in dicto Epiſcopatu præſtiverunt ſereniſſimo Domino noſtro Regi Dalphino, dicti principatus Auraicenſis ſupremo Domino &c.*

Loüis Peliſſier, qui étoit pourvû de cet Evêché en 1527. ſe preſenta au Parlement & à la Chambre pour s'acquiter des mêmes devoirs. Il reconnoît de même que ſon predeceſſeur, y être tenu envers le Roy ſouverain Seigneur de la Principauté d'Orange comme Dauphin.

François I. en l'année 1516. avoit fait un edit general pour la réünion de ſon Domaine alienè. Le Parlement envoya un de ſes Officiers à Orange pour l'execution de cet ordre. Philibert de Châlon étoit alors revétu du titre de Prince d'Orange. Il étoit fils de Jean de Châlon, qui dés l'an 1502. l'avoit laiſſé encore fort jeune ſous la tutelle de Philiberte de Luxembourg. Bertrand Rabot Commiſſaire nommé par le Parlement réünit la juſtice ſuperieure d'Orange à celle de Dauphiné, & rétablit les Compagnies en pleine joüiſſance du droit de reſſort alienè par Loüis XII. *Reuniit ſuperioritatem dicti Principatus Auraicæ ſuperioritati & reſſortui Dalph. & Curiæ ſupremæ Parlamenti ejusdem &c.* Il fit deffenſe au Prince & aux Officiers de ſa Cour ſous peine de confiſcation de fief, de recevoir à l'avenir les dernieres appellations des ſujets de la Principauté, & à ceux-ci de les relever ailleurs, qu'au Parlement de Dauphiné. Par ordre du même les armes des Dauphins taillées en pierre furent tirées du convent des Cordeliers, où elles étoient en depôt, & furent miſes, comme autrefois, ſur les portes de la ville au-deſſus de celles du Prince d'Orange. Philibert de Châlon bien-tôt aprés fut depoüillé de ſes Etats par une nouvelle ſaiſie, pour avoir embraſſé le parti de l'Empereur contre celui du Roy, dont

F

il étoit vaſſal. La confiſcation en fut donnée à Anne de Mont-morency veuve du Mareſchal de Châtillon.

Le traité de Madrid de 1526. & plus expreſſément celui de Cambray de 1529. rendirent à Philibert de Châlon la joüiſ-ſance de ſa Principauté ; mais il ne la conſerva pas long-temps, ayant été tué deux ans aprés au ſiége de Florence. Il étoit le dernier des Princes de cette Maiſon. René de Naſſau fils de Claude de Châlon ſa ſœur, fut appellé par ſon teſtament à la ſucceſſion de ſes Etats, ſous la reſerve toutefois de l'uſufruit en faveur de Philiberte de Luxembourg ſa mere.

Cette mort donna lieu à une nouvelle procedure pour la conſervation des droits du Roy. Suivant l'uſage établi, le vaſſal venant à mourir ſans enfans, le fief demeure ouvert au profit du Seigneur à cauſe de ſa ſuperiorité. C'eſt ce qui donna 1531. lieu au Parlement de commettre Falques d'Avrillac l'un de ſes Lettre XX. Preſidens, pour réduire la Principauté ſous la main du Roy, & pour en réünir en même temps la juſtice ſuperieure au reſſort de Dauphiné. Les nouveaux Succeſſeurs de Philibert de Châ-lon avoient prétendu ſe l'attribuer, quoique les Princes d'Oran-ge dans leurs hommages precedents euſſent ſuffiſamment re-connu qu'elle étoit du Domaine des Dauphins. Sur la requiſition du Procureur General, les armes de Dauphiné furent remiſes ſur les portes de la ville, d'où elles avoient été enlevées depuis la derniere procedure. Il fut deffendu à toutes ſortes de perſon-nes, ſous peine d'être traitées de rebelles, de les déplacer à l'avenir.

Les Officiers de la Principauté firent des proteſtations. Ils repreſenterent que par les derniers traitez de paix entre le Roy & l'Empereur, Philibert de Châlon avoit été rétabli dans les droits de la Souveraineté. Sur ce fondement ils demandoient qu'il fût ſurſis à l'execution de ce qui avoit été ordonné, pour en pouvoir informer la Princeſſe d'Orange ; à quoy le Com-miſſaire n'eut aucun égard. Sa réponſe fut, que ces traitez n'attribuoient d'autres droits au Prince d'Orange, que ceux qu'il avoit avant la derniere ſaiſie, ainſi qu'il étoit porté par l'un des articles ; que l'hommage & le reſſort, qui dés long-temps étoient acquis au Roy à titre onereux, ſubſiſtoient dans leur entier à la faveur de cette clauſe.

Depuis ce temps, la Superiorité du Roy fut parfaitement

reconnuë dans Orange, & le Parlement de Dauphiné fut main-tenu dans le droit de juger en dernier reffort les appellations des fujets de cette Principauté. On en trouve une preuve dans l'Ordonnance d'Abbeville faite par François I. en 1539. pour la Province de Dauphiné. Le Roy fe propofe d'y faire des regle-mens fur le fait de la juftice. Dans l'article 29. où il s'agit des matieres beneficiales, il veut qu'elles foient traitées devant les Baillifs ou leurs Lieutenans. Il deffend au Parlement d'en con-noître en premiere inftance. Dans le denombrement des Sieges, ou ces caufes devoient être jugées, il affigne à celui de Monteli-mart les villes de Die, de Valence & nommément celle d'Oran-ge, qu'il met au rang des villes de la Province. C'étoit en même-temps la declarer foumife à la jurifdiction des Compagnies, qui devoient connoître par appel des jugemens rendus dans ces tribunaux. Sur quoy on peut dire que cette ordonnance eft un monument public de la volonté de ce Prince en faveur du Parlement de Dauphiné. Elle avoit été publiée aprés d'exactes recherches des droits de la Province, & comme elle en regloit les ufages, elle en fixoit auffi les dépendances.

René de Naffau ne joüit pas fans trouble de la fucceffion de Philibert de Châlon. Françoife de la Chambre aprés la mort de ce dernier, prétendit être appellée à la fubftitution portée par le reftament de Loüis de Châlon fon ayeul. Elle fe pourvût au Parlement de Grenoble, dont la jurifdiction fut egalement reconnuë par René de Naffau, qui y forma auffi fa demande. Il y eut un arrêt rendu le 15. de Decembre 1543. qui declara que la fubftitution avoit été ouverte au profit de Françoife de la Chambre, & que par fa mort fans enfans, elle étoit échûë à René de Naffau. Celui-ci étant decedé bien-tôt aprés fans pofterité, les chofes tomberent dans une plus grande confufion. Il étoit par fa mere le dernier de la branche aînée de la Maifon de Châlon. Il en tranfporta tous les biens dans une Maifon étrangere, ayant fait choix pour lui fucceder de Guillaume de Naffau, qui n'étoit defcendu ni de la Maifon des Baux ni de celle de Châlon. A la faveur de ce titre les Princes de Naffau aidez du credit, qu'ils s'étoient acquis, fe font maintenus dans la joüiffance de la Principauté d'Orange.

Les defcendans des autres branches de la Maifon de Châlon fe font élevez en divers temps, pour faire valoir les droits du fang & les difpofitions de leurs ancêtres. Mais ces premiers ayant fçû fe faire des alliez & des protecteurs puiffans, ont toûjours éludé les pourfuites, qui ont été faites contre eux en differents tribunaux, & n'ont jamais voulu foumettre leurs interêts qu'à des traitez publics.

C'eft dans cet efprit que Guillaume de Naffau en 1 5 5 9. dans les conferences tenuës pour la paix de Cateau-Cambrefis, produifit le teftament que René de Naffau avoit fait en fa faveur. Il fe plaignit de ce qu'au prejudice de cet acte il fe trouvoit exclus d'une fucceffion, qui lui étoit legitimement acquife.

Un droit auffi apparent forma une prevention heureufe pour ce Prince. Quoi qu'il y eut alors des conteftations indecifes, fur la feule reprefentation de fon titre, il fit inferer un article dans le traité, portant que la Principauté d'Orange lui feroit reftituée, *pour en joüir ainfi qu'il avoit fait, ou qu'il étoit en droit de faire avant les guerres de l'an 1 5 5 1.* Il paroît qu'aprés la faifie qui en fut faite alors, de même qu'aprés toutes les precedentes, le Parlement de Grenoble a été en pleine joüiffance de cette jurifdiction, comme en font foy plufieurs arrêts qui font encore dans fes regiftres rendus fur diverfes appellations des habitans d'Orange. Il s'en trouve du 1 5. Decembre 1 5 5 3. du 1 5. Janvier 1 5 5 4. du 1 7. Mars 1 5 5 4. & pour les années fuivantes jufqu'au traité de 1 5 5 9. Guillaume de Naffau ayant encore été depoffedé fous Charles IX. pour s'être joint à ceux de la religion pendant les troubles, le Parlement fut rétabli dans l'exercice des mêmes fonctions.

Si l'on ne trouve point d'actes de jurifdiction de cette Compagnie dans l'efpace de plufieurs années, c'eft parce que le credit des Princes d'Orange a été un obftacle à l'exercice de fes fonctions; on n'en doit pas conclurre qu'elle foit dechûë de fes droits ou qu'ils ayent été transferez à un autre tribunal. Aujourd'huy que cette Principauté a paffé fous l'obeïffance du Roy, les Compagnies de Dauphiné efperent de fa juftice, qu'il voudra bien rétablir les chofes en l'état où elles étoient, lors que leur poffeffion a été interrompuë. Il fuivra en cela l'exemple de fes predeceffeurs, qui toutes les fois que cette Principauté a été mife fous leur main, les ont toûjours confirmées dans la jurifdiction qui leur avoit été attribuée par Loüis XI. Les preuves qu'on en a raportées pour les regnes de Charles VIII. & de

François

François I. ne laiſſent pas douter des diſpoſitions où ces Princes not été à cet égard.

Ce même eſprit a regné dans ceux qui les ont ſuivi. Rien n'eſt plus precis que le témoignage qui s'en trouve ſous Henri II. Il merite d'être rapporté ici dans toutes ſes circonſtances.

Guillaume de Naſſau avoit obtenu en 1546. des lettres du Roy, pour être maintenu dans la ſucceſſion de René de Naſſau. Les differens nez pour les biens qui en dépendoient, donnoient lieu tous les jours à de nouvelles inſtances.

Environ ce temps le Parlement de Provence, qui étoit demeuré juſque-là dans le ſilence, réveilla ſes pretentions. Peu de jours avant la mort de René de Naſſau, il avoit declaré ſes Etats confiſquez au profit du Roy, pour n'avoir comparu à l'arriere-ban de Provence. Et depuis en 1547. les Procureurs Generaux des Parlemens de Dauphiné & de Provence avoient été aſſignez au Conſeil du Roy par les habitans d'Orange, pour leur être fait droit, ſur ce que chacun d'eux pretendoit que la Principauté étoit du reſſort de ſa Compagnie. L'arrêt rendu ſur leurs productions, portoit ſeulement qu'il ſeroit répondu ce que de raiſon. Mais il ne pouvoit y avoir ſur ce point une deciſion plus formelle, que celle qui reſulte des lettres de don de cette Principauté accordées par Henri II. à la 1551. Reine Douaiiiere-d'Ecoſſe. Les raiſons des Officiers de Provence Lettre Y Y. lui étoient parfaitement connuës. Elles avoient été diſcutées dans ſon Conſeil, leurs titres de même que ceux du Parlement de Grenoble y avoient été produits. On ne peut donc pas douter qu'il ne fût plainement inſtruit de leurs droits, lors qu'aprés la ſaiſie des Etats de Guillaume de Naſſau, il en diſpoſa en faveur de cette Princeſſe. Il s'explique dans ces lettres en des termes qui marquent ſi clairement la prevention favorable, où l'on étoit alors pour les Compagnies de Dauphiné, qu'il n'eſt pas hors de propos de les rapporter ici. *Comme au moyen de la guerre ouverte entre nous & L'Empereur, nous puiſſions diſpoſer de la jouïſſance des Principauté d'Orange, membres, appartenances & dépendances d'icelle, pour être le Prince dudit Orange au ſervice dudit Empereur, étant ladite Principauté tenuë en ſouveraineté de nous, à cauſe de nôtre païs de Dauphiné ; ſçavoir faiſons &c.* Et plus bas dans le diſpoſitif de ces lettres on y trouve ces mots : *donnons, octroyons & delaiſſons la jouïſſance deſdites Principauté d'Orange, membres*

& dépendances d'icelles sans en rien excepter, retenir ni reserver fors seulement les foi & hommage, ressort & souveraineté &c.

Lettre Z Z.
Lettre A AA. La Reine d'Ecosse presenta sa requête à la Chambre des comptes à qui ces lettres étoient adressées. Il y eut un arrêt rendu le 11. de Decembre de cette année, qui commit un maître des comptes pour aller sur les lieux la mettre en possession de cette Principauté, & pour la faire joüir des revenus qui en dependoient.

Lettre BBB. Par d'autres lettres du mois de Janvier suivant, adressées conjointement au Parlement & à la Chambre des comptes, le Roy donne pouvoir à la Reine d'Ecosse de disposer des offices de la Principauté & d'en pourvoir qui bon lui sembleroit. L'execution de ces lettres & leur publication dans la ville d'Orange furent ordonnées par ces deux Compagnies.

Une preuve si claire de leur possession, des marques si precises de la volonté de nos Roys, après les difficultez qu'y avoit fait naître le Parlement de Provence, ne peuvent manquer de faire sur l'esprit de Sa Majesté toute l'impression qu'elles en attendent. Dira-t-on que la faveur du Duc de Guise alors Gouverneur de Dauphiné, fit pancher le Roy, sans entrer plus avant en connoissance de cause, pour le parti que ce Duc affectionnoit. Mais outre que cette conjecture n'a rien de solide, que pourra-t-on Voyez-ci dessus Lettre Q.
1553. opposer à l'edit, que Henri II. fit deux ans après au sujet d'une nouvelle cruë. Il y considere les Etats d'Orange & de Saluces comme des dépendances de Dauphiné. Il en confirme la jurisdiction aux Compagnies de cette Province; & comme leur ressort se trouvoit par-là d'une plus grande étenduë, il augmente Ibid. à proportion le nombre de leurs Officiers. *Ayant égard que nôtredite Cour a été cruë de ressort & jurisdiction depuis sa premiere création; à sçavoir des Marquisat & terres de Saluces, & la Souveraineté & Principauté d'Orange..... Sçavoir faisons qu'outre le nombre des Conseillers de nôtredite Cour de Parlement de Dauphiné, tant des anciennes que des nouvelles cruës subsequentes, qui sont à present quinze en nombre, il y aura encore six Conseillers &c.*

Une declaration si authentique de la volonté du Prince suivie d'une création d'Officiers, ne doit-elle pas être regardée comme une loy qu'il s'est imposée & à ses successeurs, de faire joüir ces Compagnies de tous les avantages qu'il leur attribuë? La condition qu'il y a mise ayant eu son effet, les droits qu'il leur accorde ne sont-ils pas acquis à titre onereux?

Charles IX. qui monta bien-tôt après sur le thrône, suivit le même panchant. Guillaume de Nassau avoit pris des liaisons contraires à ses interêts, il le depoüilla de sa Principauté. Dans le temps qu'il la tint sous sa main, il y conserva aux Compagnies de Dauphiné l'autorité qu'elles y avoient eüe sous les regnes precedents, & qui sembloit ne pouvoir plus leur être contestée.

On a une lettre de ce Prince écrite au Parlement de Dauphiné, pour faire joüir les habitans d'Orange du droit qu'il leur avoit accordé, de porter leur appel en dernier ressort à ce même Parlement. Il lui enjoint de faire executer cet ordre malgré la resistance, qu'y apportoient les Officiers du Prince d'Orange, *& là où vous y trouverez aucun empêchement, ou contradiction pour à laquelle remedier fût besoin d'autres provisions de deçà, vous ne faudrez de nous en avertir incontinent, & il y sera tout aussi-tôt sans ai par les moyens que nous avons en main.*

Charles IX. durant tout le cours de son regne a été animé de cet esprit. On en voit une preuve dans les provisions du Gouvernement d'Orange, qu'il accorda en 1568. à Foulques de Tholon, Seigneur de Sainte Jalle. Parmi les fonctions, qu'il lui commet, l'une des principales est d'y faire administrer la justice sous l'autorité du Parlement de Grenoble par les Officiers qu'il y auroit preposez : *Vous donnons pouvoir..... de tenir main-forte à justice, à ce qu'elle soit sincerement administrée sous nôtre autorité & de nos amez, & feaux les gens tenant nôtre Cour de Parlement de Dauphiné, ensemble des Juges & Officiers par elle établis & à établir.*

Le même par un traité de 1570. rendit à Guillaume de Nassau la Principauté d'Orange, pour en joüir comme avoient fait ses predecesseurs. Henri III. par un article de l'edit de 1576. confirma en sa faveur ce qui étoit porté dans le precedent traité. On ne voit point que depuis 1570. cette Principauté ait été mise sous la main de nos Roys, ni qu'il y ait aucun intervalle, où la justice superieure y ait été administrée en leur nom.

Philippe-Guillaume, qui succeda à Guillaume de Nassau son pere en la Principauté d'Orange, y fut maintenu par le traité de Vervins. Il recouvra en même temps tout ce que les guerres precedentes lui avoient enlevé, à la reserve du château d'Orange, que Henri IV. ne lui remit qu'en 1605. en consideration de son

Lettre C C C.

Lettre D D D.

De la Pise Hist. de la Principauté d'Orange p. 376.
Voyez le Recueil des Edits de pacification, de l'édition de 1612. p. 130.

mariage avec Eleonor de Bourbon fille de Henri Prince de Condé. Les Etats de Philippe-Guillaume passerent en 1 6 1 8. à Maurice de Nassau son frere, qui en avoit eu l'administration, pendant tout le temps qu'il avoit été detenu prisonnier en Espagne.

Frederic-Henri, troisiéme fils de Guillaume IX. recueillit en 1 6 2 5. la succession de ses freres tous deux morts sans enfans. Aprés l'avoir possedée jusqu'en 1 6 4 7. il la laissa à Guillaume son fils, qui ne lui survéquit que de peu d'années. Celui-ci eut pour heritier Guillaume XI. encore fort jeune, qui dans la suite fut appellé à la Couronne d'Angleterre. Les guerres qu'il excita contre la France, & les engagemens qu'il prit contre ses interêts, donnerent lieu à la saisie qui fut faite des Etats d'Orange en 1 6 8 9.

La citadelle avoit été démolie, & les murailles de la ville abbatuës dés 1 6 6 0. mais l'autorité des Princes d'Orange s'y étoit toûjours maintenuë, de même que la forme du gouvernement qu'ils y avoient établie; leurs Officiers depuis le traité de 1 5 7 0. en exerçoient les fonctions sans y être troublez. Les Princes d'Orange dans tout ce temps n'avoient point donné lieu, par leurs liaisons avec les ennemis de l'Etat, aux frequentes saisies qu'on a pû remarquer sous ceux qui les avoient precedez. Ce n'est donc qu'après une joüissance paisible de plusieurs années, qu'à l'occasion des dernieres guerres, leurs Etats ont été de nouveau réünis à la France.

Il falut alors pourvoir à l'administration de la justice & des finances sous l'autorité du Roy. Jamais pretention ne fut mieux fondée, que celles des Compagnies de Dauphiné. Elles avoient pour elles les derniers actes de jurisdiction. Leur possession d'ailleurs, renouvellée autant de fois que cet Etat a été au pouvoir de la France, & confirmée par la volonté constante d'une suite de nos Roys depuis Loüis XI. étoit un titre legitime pour esperer de s'y voir rétablies sous le plus juste de ces Princes; si elles eussent été en état d'en produire les preuves comme elles font aujourd'huy. Faute de les avoir recouvrées dans le temps qu'il plût à Sa Majesté de disposer de l'exercice de cette jurisdiction, il a été attribué par provision au Parlement de Provence, jusqu'à ce qu'elle eût les instructions necessaires pour former sur cela un jugement decisif.

Au

Au reſte on ne s'eſt pas attaché à détruire les ſentimens d'un Auteur * qui merite d'ailleurs beaucoup d'eſtime, mais qui ſur des notions peu certaines a decidé du reſſort de cette Principauté, & en a reglé l'hommage & la juriſdiction ſuivant ſes prejugez. Le peu de connoiſſance qu'il a eu des droits des Dauphins & des titres, qui ſervent à les établir, l'a fait tomber ſur cela dans des erreurs, que la brieveté de ce diſcours ne permet pas de relever. Elles doivent tout au moins le rendre ſuſpect, ſur tout ce qu'il a avancé ſans preuves ſur cette matiere.

C'eſt par où je finiray ce diſcours, où j'ay tâché d'expoſer aux yeux du Roy & de ſon Conſeil, la veritable ſituation de cette affaire. Je n'ay eu en vûë que de la lui faire connoître dans toutes ſes circonſtances, étant perſuadé que ſes lumieres & ſon equité le conduiront plus ſûrement que mes reflexions ne ſçauroient faire.

* Du Puy Traité des droits du Roy. Titre de la Principauté d'Orange.

PREUVES DU MEMOIRE
servant à établir la Jurisdiction du Parlement & de la Chambre des Comptes de Dauphiné sur la Principauté d'Orange.

A

DONATIO GUIGONIS COMITIS ECCLESIÆ 1063.
Sancti Petri & Sancti Laurentii de Ultio, de quibusdam Mansis, Decimis & Offerendis, &c.

Cartul. Eccles. Ultiens.

IN nomine Sanctæ & individuæ Trinitatis. Anno ab Incarnatione MLXIII. ind. 1. Ego Guigo Comes, qui nomine vocor Senex, atque Filius meus Guigo Pinguis dono & confirmo, pro animæ meæ mercede & pro animâ Patris mei & Matris meæ & Parentum meorum, Ecclesiæ Beati Petri cum cœteris Apostolis & Ecclesiæ Sancti Laurentii Martyris, in loco qui dicitur Plebs Martyrum, Mansum unum cum omnibus rebus ad se pertinentibus ; jacet in loco qui dicitur Cesana. . . . . Quod totum factum est consilio Domini Adæ Castellani Briançonis existentis. Interfuerunt testes quidam: Canonici, Giraldus Valenzolæ, Uldricus Præpositus & Varnerius & Marcinus, Gualterius & quidam Laici, Auturius, Armanus Presbyteralis, Liraldus Grossus, Girardus Gorenibo, Otgerius Spata, G. Curta, Carbaldus Diaconus.

EGo Guigo Comes dono, & tradendo confirmo Sacro sanctæ Dei Ecclesiæ Sancti Petri cum cœteris Apostolis & Sancti Laurentii Martyris, in loco qui dicitur Plebs Martyrum, & Canonicis regulariter viventibus, & qui anteà Deo juvante venturi sunt, Decimationes quas habebam in valle Cesanæ, & quantum habebam in Ecclesiis similiter : scilicet in Ecclesiâ Sancti Joannis de Cesana tertiam partem de Argentis quos Romipetes offerunt, & tertiam partem Decimationis in Parrochiâ ; in Ecclesiâ Sanctæ Mariæ in villa quæ Ultis appellatur medietatem de Argentis ut suprà, de duabus Festis, scilicet unam medietatem, & de decima medietatem in Parrochiâ in Ecclesiâ Sancti Joannis de Salisbertaræ similiter de Decimis & Offerendis. Et hoc facio pro redemptione animæ, & pro animâ Patris mei & Matris meæ ; ut dimittat nobis peccata nostra, & Canonici Deum deprecentur die ac nocte. Similiter dono supradictis Canonicis feriam quæ in festivitate Sancti Laurentii est ibi, ut habeant teloneum, & quantumcunque inde acquirere potuerint. Testes & confirmatores sunt Umbertus Priosus, Bermundus, Atenulphus, Gigo Malus-Clericus, Guillelmus de Briançone, & Marcinus, Petrus de Eremo, Siboldus de Albione, Ada & alii quamplures.

B

QUÆRIMONIA INTER DOM. PRÆPOSITUM 1105.
& Joannem Sesnem de receptione Decimarum Briançonis, definita coram Guigone Comite & Reginâ ejus Uxore.

Ibid. —4—

EGo Nantelmus Ecclesiæ Sancti Laurentii de Plebe Martyrum quartus Præpositus, de quæremonia quæ inter nos & Joannem Sesnem de receptione Decimarum Briançonis erat, jussione Guigonis Comitis placitum habui in domo nostrâ Briançonis, ibique ad Curiam Comitis habuimus Judices : videlicet Willelmum de Casinetico, Bernardum Rustichellum, Americum Rotgerii & aliosquamplures, qui causam ex utrâque parte audierunt. . . . . . . Eodem die ante Dominum nostrum Comitem & ante Reginam uxorem suam diffinitæ sunt quæremoniæ, ita quod ad veram diffinitionem pacis venerunt. . . . . . . Testes hujus Placiti sunt Americus Rotgerii, Hugo Decimarius, Teotbertus Calvarot, Nantelmus Præpositus. . . . . . .

A

C

1155. 1245. DIPLOMA FRIDIRICI IMPERATORIS confirmatum à Friderico II. in quo argenti fodina in Briançonesio & facultas condendi Monetam in villâ Cesanæ Guigoni Dalphino conceduntur.

Archiv. Camera. ex litteris originalibus Caisse de Saluces.

IN nomine Sanctæ & Individuæ Trinitatis. Fridericus Secundus Dei gratiâ Romanorum Imperator.... Notum fieri volumus...... quod Beatrix uxor quondam Andreæ Comitis Vienn. & Albonensis fidelis nostri, pro parte Guigonis Comitis Vienn. & Albonensis filii sui & filii quondam prædicti Andreæ Comitis, privilegium quoddam Divi Augusti Imperatoris Friderici Avi nostri memoriæ recolendæ, dudùm Guigoni Avo ejusdem Guigonis liberaliter indultum....... nostro culmini præsentavit, humiliter supplicans & devotè ut privilegium ipsum innovare & confirmare........ dignaremur. Prædicti verò privilegii tenor per omnia talis erat : In nomine Sanctæ & Individuæ Trinitatis. Fridericus divinâ favente clementiâ Romanorum Rex..... notum facimus quod fideli nostro Guigoni Dalphino Comiti Gratianopolitano omnia Beneficia, quæ hæreditario jure usque ad nostra tempora justè possedit, imposterùm liberè & quietè possidere concedimus. Insuper autem argenti fodinam, quæ est in potestate Ramæ, cum omni utilitate, quæ nunc vel imposterùm inde provenire potest, quia ad Regalia spectare cognoscitur, prædicto Comiti in beneficium consilio Principum addimus, & de cœtero liberè & quietè possidendum tam sibi, quam suis Successoribus concessimus. Præterea potestatem condendi & fabricandi novam Monetam in villâ quæ dicitur Cesana, quæ sita est ad radicem Montis-Jani, quia ibidem anteà Monetæ fabrica non erat, à nostra Majestate impetravit, &c. Actum Anno Dominicæ Incarnationis M C L V. Ind. I V. Regni ejus III. apud Riverul. Nos autem attendentes fidem puram & devotionem sinceram, quam prædicti Guigonis antecessores ad Divos Augustos prædecessores nostros & Sacrum Imperium habuerunt, nec non & grata servitia, quæ contulerunt eis fideliter & devotè, & quæ idem Guigo nobis & Imperio conferre poterit gratiora, ipsiusque supplicationibus inclinati, suprascriptum privilegium Divi Augusti Imperatoris liberaliter indultum prædicto quondam Guigoni Comiti, de verbo ad verbum huic privilegio nostro inseri jussimus; omnia quæ continentur in eo........ concedimus & confirmamus eidem Guigoni, &c. Acta sunt hæc Anno Dominicæ Incarnationis M C C X L V. mense Aprilis XI. Ind.

D

1179. CARTA TALIFERS COMITIS VIENNÆ & Albonis, in qua jus pedagii & conductus per totum Briançonesium Præposito & Canonicis Ultiensibus conceditur.

Cartul. Eccles. Ultiens.

NOtum sit omnibus præsentibus atque futuris, quod ego Talifers Comes Viennæ & Albonis in perpetuum dono & concedo Fratribus Ecclesiæ S. Laurentii de Ultio, ut in tota Terra mea de propriis rebus eorum nullus Pedagium accipiat ; & tibi Martino Præposito & Successoribus tuis, ut per totam Terram meam quibuscunque volueris securum Ducatum præbeas, & à Monte-Jano usque Secusiam, quicunque Peregrinorum sine testamento decesserint, omnia bona eorum ad Ecclesiam Sancti Laurentii de Ultio pleno jure & sine omni contradictione devolvantur ; ut ipsa Ecclesia, pro iis & aliis beneficiis tam à me, quam à prædecessoribus meis collatis, præces sine intermissione ad Deum fundant. Facta est autem hæc donatio apud Cesanam in manu Domini Martini Ultiensis Præpositi, regnante Friderico Romanorum Imperatore. Testes sunt inde Willelmus de Arenis, Willelmus de Beolard, Willelmus Beratdus ipsius Ecclesiæ Canonici, Raimbaudus presbyter, Boso Decanus, Guido de Escarenis, Ormatus de Torent, Otto de la Pauta, Hugo de Geria, Maurinus de Exilleis, Guido de Aureis, Guido de Salla, Petrus & Willelmus Aurutii, Allemannus de Salbertano. Anno ab Incarn. Domini MCLXXIX. VIII. id. Octob. feriâ V. Lunâ VII.

E

1186. CARTA DONATIONIS D. HUGONIS DUCIS Burgundiæ & Albonii Comitis, Ecclesiæ Ultiensi de quibusdam Hominibus, ubi & homines dictæ Ecclesiæ à Talliis Comitis eximuntur.

Ibid.

EGo Hugo Dei gratiâ Burgundiæ Dux & Albonii Comes, omnibus præsentibus atque futuris notum esse volo, quod ego pro Dei amore & remedio animæ meæ, dedi in perpetuum & concessi Ecclesiæ & Canonicis Sancti Laurentii de Ultio, Guigonem boni Joannis & Joannem de Monasterio cum rebus eorum & terris. Concessi autem eidem Ecclesiæ & Canonicis, quod nec isti, nec prænominati, nec alii eorumdem proprii homines de cætero nobis Talliam donent. Hoc idem commisi de Sacerdotibus eorum, qui nullam à me terram tenent. Testes Guillelmus de Bellovidere, Rodolphus de Bardoneicha & Hugo de Bardoneicha, Guido de Salla, Petrus Auuutii, Armannus Bermundi, Radulphus de Salla, Guido Pelipaiius, Joannes Eleemosinarius, & Stephanus Convertus, Petrus de rodio de Litio. Actum est hoc Anno Incarn. Dominicæ MCLXXXVIII. Hugo Burgundiæ Dux.

F

CARTA DONATIONIS EJUSDEM, ECCLESIÆ <u>1188.</u>
Ultiensi de quibusdam Decimis in loco Exilliarum.

Quum justum & æquum est honestæ petitioni & amicorum condescendere voluntati ; ea propter ego Hugo Burgundiæ Dux & Albonii Comes, notum esse volo, quod ego carissimi & dilecti mei Guillelmi venerabilis Ecclesiæ Ultiensis Præpositi obtemperans petitioni, do & concedo causa Dei & ipsius dilectionis ejusdem Ecclesiæ, decimam Vinearum Exilliarum in perpetuum habendam, eodem usu & tenore quo ego eam habere solebam. Hoc itaque fieri laude & assensu B. dilectæ uxoris meæ Ducissæ Burgundiæ & Albonii Comitissæ. Actum Briançonio anno Verbi Incarnati MC. LXXXVIII. regnante Friderico Romanorum Imperatore & Henrico filio ejus Rege. Testes sunt Joannes Clericus meus, qui hanc cartam scripsit, Majerius Camrarius qui sigillavit, Amatus de Broiscio, Guido de Poiboso, Odo de Pauta & alii plures, cum impressione sigilli mei & caracteribus subscriptis. Hugo Dux Burgundiæ.

Ibid.

G

CARTA DONATIONIS EJUSDEM EIDEM <u>1189.</u>
Ecclesiæ, Decimarum de Argenteriis & Metallis
à Monte-Jano usque ad Collem-Rotæ.

Hugo Dei gratiâ Dux Burgundiæ & Albonii Comes....... annotare curavimus, nos pro remedio animæ nostræ, prædecessorumque nostrorum & uxoris, dedisse, & in perpetuam hæreditatem concessisse Deo & Fratribus Ecclesiæ Sancti Laurentii Ultiensis, Decimam omnium quæ nobis pervenerint ex argenteriis, cujuscunque generis sint, argenti, plumbi, ferri & cæterorum metallorum, à Monte-Jano usque ad Caput-Montium, & usque ad Petrosam & ad Collem-Rotæ, & non solùm de argenteriis & metallis, quæ in tempore nostro vel ante repertæ sunt ; sed etiam de iis omnibus quæ de cætero reperientur : annuente Beatrice venerabili Ducissâ Burgundiæ & Albonii Comitissâ, dilectissimâ uxore nostrâ, & liberis nostris quos ex eâ percœpimus. Willelmus vir præclaræ recordationis in tempore suo, favente ei divinâ gratiâ, illud à nobis obtinere promeruit. Et ut istud ratum & inconvulsum nunc & in posterum habeatur, autoritate sigilli nostri firmavimus, cum caracteribus & testibus subscriptis. Sunt autem ii testes Joannes Albispinus notarius noster, qui hanc cartam, nobis præcipientibus, sic notavit, Petrus de Gena clericus & capellanus noster Gratianopolis, Robertus de Tollino & Majerius de Divione Camerarii nostri, qui sigillo nostro eandem cartam impresserunt ; Odo de Pauta, Hugo de Geria, Guido de Poiboyson milites, Willelmus Lamberti. Actum istud anno Verbi Incarnati MC. LXXXIX. regnante Friderico Romanorum Imperatore & Filio ejus Henrico Rege Rom. venerabili. Facta est autem hæc donatio mediante mense Maio apud Cesanam. Hugo Dux Burgundiæ.

Ibid.

H

TRANSCRIPTUM HOMAGII ADELAIDIS <u>1210.</u>
Comitissæ Pedemontii de Marchionatu Salutiarum Guigoni <u>1291.</u>
Dalphino cum ratihabitione ejusdem Homagii factâ per <u>1363.</u>
Thomam Marchionem Salutiarum Humberto Delphino.

In nomine Domini, Amen. Nos Michaël de Andancia Licentiatus in legibus, Miles in Ecclesia Viennensi, Locumtenens viri venerabilis & discreti Dom. Laurentii Guilleudi Doctoris Decretorum, Archidiaconi & Officialis Vienn. notum facimus universis præsentes litteras inspecturis, quod anno ejusdem Domini M. CCCLXIII. die XVI. mensis Februarii, nobis pro parte illustris Principis Dni Marchionis Salutiarum, videlicet per fratrem Jacobum de Casa-nova fuit traditum, exhibitum & ostensum quoddam publicum instrumentum in pargameno scriptum, non viciatum, non abrasum, nec cancellatum, nec in aliquâ sui parte suspectum, quod nobis apparuerit, sed omni vitio & suspicione carens, supplicatùmque nobis extitit pro parte prædictâ, quatenus dictum instrumentum publicemus & insinuemus, & ipso publicato, cum dubitetur de amissione & corruptione ipsius instrumenti, tam propter viarum discrimina, guerrarum pericula quàm aliàs, quo in diversis partibus est usurus dictus Princeps, ut fertur, fieri unum vel plura transcriptum seu transsumptum, transcripta seu transsumpta, cui vel quibus tanta fides adhibeatur quanta instrumento originali prædicto. Cujusquidem instrumenti tenor de verbo ad verbum sequitur, & est talis. In nomine Christi, amen. Noverint universi præsentes & futuri, quod cum dudum propter guerrarum discrimina existentia inter illustrem Adalaidam Comitissam Pedemontis & inclitum Raymundum Berengarium Comitem Provinciæ & Folcalcherii, certa pacta & conventiones fuerint expressa, vallata & firmata inter prædictam Adalaidam Comitissam, neptem illustris viri Guigonis Dalphini Vienn. ex unâ parte & prædictum Guigonem Dalph. ex alterê, ex quibus pactis & conventionibus videtur ipsam Comitissam suum Marchionatum Salutiarum ab ipso Guigone patruo suo, sub nomine fidelitatis & homagii salvis appellationibus & sacris juribus Imperialibus recepisse ; dando prædictæ nepti suæ ipse Dalphinus ultra debita feudalia sua & homagia, pro subtentatione dicti Marchionatus feudi sui, tempore pacis Libras mille reforciatorum, & tempore guerræ Librar. duo millia monetæ prædictæ, capiend. super redditibus Dalphinalibus Briançon. annuatim, prout instrumento facto manu Jacobi Cicerarii sacri Palatii Notarii, sub anno Domini millesimo ducentesimo decimo, die tertiâ Augusti apud Ebredunum patet. Ecce quod constitutus Ansermus venerabilis Præpositus Ultiensis, Procurator ut asserit & apparet, illustris viri Domini Humberti Dalphini Vienn. & Domini de Turre, ante præsentiam illustris viri Domini Thomæ Marchionis Salutiarum & Domini Cunei, ipsum Marquionem procuratorio nomine quo suprà, præsentem & intelligentem requisivit, ut juxta formam suorum prædecessorum, ut suprà, effectualiter vellet observare & adimplere, offerens se dictus Procurator nomine quo supra Dalphinali, omnia & singula prædicta effectualiter adimplere sui parte ; qui Dñi Thomas Marchio & Ansermus Præpositus & Procurator prædicti præsentes, scientes omnia & singula prædicta fore vera & justa, in manibus mei Notarii infrascripti, in præsentiâ testium infrascriptorum, una pars alteri, & altera alteri, tactis Sacris Scripturis juraverunt & servare promiserunt :

videlicet Dominus Marchio pro se & ejus hæredibus, & dictus Procurator nomine Dalphinali & suorum hæredum, & nunquam ad prædicta contravenire sub suorum bonorum hypotheca. Renunciantes prædictæ partes omni juri & legum auxilio tam canonico quam civili, per quæ ad prædicta possent contravenire. De quibus omnibus & singulis mihi Notario infrascripto, ut publicæ personæ, præceptum fuit, fieri publicum instrumentum. Actum in Castro Revelli in Aula ipsius Domini Marchionis, in præsentiâ Dominorum Guigonis Prioris Canonicæ Revelli, & Guilielmi Plebani dicti loci Canonici Ulciensis & nobilis Robaud Domini Montismali, & Henrici de Brayda Domini Castelani, sub anno Dñi MCC. LXXXXI. die XV. mensis Aprilis, quartâ Indictione. Et ego Oto Danielis de Revello sacri Palatii Notarius rogatus scripsi & tradidi. Nos igitur Locumtenens præfatus, recepto per nos dicto instrumento, & etiam lecto de verbo ad verbum, ipsum publicamus & insinuamus, ac fieri volumus & jubemus per Notarios nostros subscriptos unum & plura, & tot quot habere voluerit dictus Dominus Marchio, transcriptum seu transcripta, transsumptum seu transsumpta unius & ejusdem tenoris, cui & quibus tanta fides ubique terrarum adhibeatur, quanta adhibetur originali instrumento supradicto, & iis omnibus & singulis præmissis tanquam ritê & legitimê factis, autoritatem nostram ordinariam interponimus pariter & decretum. Actum in domo habitationis nostræ, & datum anno & die quibus suprà præsentibus Domino Johanne de Curia Magistro choti Ecclesiæ Viennensis, Johannino de S. ñcto Petro, Jocerando Chomardi & Bartholomæo de Trellia Clerico Viennensi Notariis nostris, testibus ad hæc vocatis & rogatis. In quorum præmissorum robur & testimonium, nos Locumtenens Præfatus sigillum Curiæ Officialatus Viennensis præsentibus Litteris duximus apponendum.

Et ego Stephanus de Lymanz Clericus de Vienna autoritate Imperiali Notarius, &c. signo meo signavi rogatus, & tradidi requisitus.

Et ego Johannes Lyutardi de Denthesiaco Viennensis Diocesis Clericus, &c. Signavi rogatus, & tradidi sigillo Curiæ Vienn. sigillandum.

I

LETTRES DU ROY CHARLES VI.
au Gouverneur de Dauphiné, pour l'execution d'un Arret du Parlement de Paris au sujet de l'Hommage de Saluces.

CHarles par la grace de Dieu Roy de France & Dauphin de Viennois, au Gouverneur de nostredit Daulphiné ou à son Lieutenant Salut. Comme en certaine cause qui estoit & pendoit en nostre Parlement à Paris, entre nostre cousin le Comte de Savoye d'une part, & nostre Procureur Delphinal & nostre cousin le Marquis de Saluces d'autre part, ait esté dit en nostre Parlement & prononcé par Arrest le x. jour de ce present mois de May, que à nous seuls & pour le tout & non autre, appartiennent & doivent appartenir à cause de nostredit Daulphiné, la Seigneurie directe feodal avec la foi & hommage lige de tout le Marquisié de Saluces & de ses appartenances & appendances, & que ledit Marquis sera tenu & gardé en possession & saysine de tenir sondit Marquisié avec sesdites appartenances & appendances en fief, par foi & hommage de Nous, à cause de nostredit

Daulphiné & non d'autre, & aussi plusieurs autres choses touchant cette matiere ayent esté dites & pronuncées par ledit Arrest, ainsi que assez tost vous apparra par iceluy, lequel pour cause de la grandeur & prolixité de l'escripture & de paroles qui y sont, ne vous pouvons presentement envoyer. Nous voulons & vous mandons en commettant, se mestier est, que ces choses vous signifiez ou faites signifier audit Comte de Savoye, au Prince de la Morée & à tous autres, dont vous verrez appartenir en deffendant de par nous à eulx & à chacun d'eulx, s'il vous semble que bon soit & en estre necessaire, à telles peines comme verrez estre à faire, que contre la teneur dudit Arrest, ils ne attemptent ou innovent, ne facent innover ou attempter aucune chose à l'encontre dudit Marquis, de sadite Marquisié & de sesdites appartenances & appendances & contre luy ne ses subjets & vassaux, ne procedent ou facent proceder par guerre ou autre voye de fait ne autrement , comment que ce foit, contre la forme & teneur dudit Arrest , si procedez tellement & diligemment en & sur ce que par vostre deffault n'en puissent ensuivir in-

cunveniens ou dommages. Donné à Paris le 18. jour de May, l'an de grace mil trois cent quatre-vingt & dix & le dixiéme de nostre regne, *sic signatas* par le Roy à la relation du grand Conseil. P. Manhat.

K

INVESTITURE DU MARQUISAT DE 1531.
Saluces en faveur de François de Saluces par François I.
Ensuite est l'Hommage dudit François de Saluces.

François par la grace de Dieu Roy de France, Daulphin de Viennois ,Comte de Valentinois & Dioys, sçavoir faisons à tous presens & advenir, que le Marquisat de Saluces & ses appartenances avec tous les droits que Jean-Louis Marquis de Saluces pretendoit avoir en icelluy , a esté à nous comme Daulphin adjugé , acquis, commis & confisqué , pour les desobeissances & felonie commises envers nous & contre nous par icelluy Jean-Louis ; & ce par Sentence & Arrest des Commissaires sur ce par nous deputez , parties ouyes, productions & enquestes d'une part & d'autre faites, produites & veuës ; tellement que ledit Marquisat & ses appartenances de present nous appartiennent , & la Seigneurie utile-directe est confondee avec la directe, dont pouvons disposer à nostre plaisir & volonté. Parquoy considerant l'antiere amour que nous portons à nostre tres-chier & amy cousin Françoys de Saluces, & les grands, agreables & recommandables services qu'il nous a faits par cy-devant en plusieurs manieres, & esperons qu'il fera encores en l'avenir , confians aussi de son integrité, foy & loyauté, à icelluy & à ses hoirs masles procreés en loyal mariage : Pour ces causes & autres à ce nous mouvans, avons donne & cedde & transporté , & par la teneur de ces presentes donnons, ceddons & transportons à tiltre de fief la Seigneurie utile dudit Marquisat & appartenances , telles quelles sont plus à plain specifiees & declarees aux Investitures faites à ses predecesseurs. Du duquel Marquisat & appartenances , telles que dessus, l'avons investi & investissons ; pour icelluy tenir de nous & de nos successeurs Daulphins de Viennois, dont luy & ses successeurs masles respectivement & successivement feront tenus à toutes mutations , soit de Seigneur ou de Vassal, nous faire & à nos successeurs Daulphins les foy & hommage liges avec serment , & sur leur foy de garder & observer les points & articles, vieils & nouveaulx chapitres de la forme de fidelité , & de mettre à chacune des mutations par toutes les Villes, Chasteaulx d'icelluy Marquisat & appartenances , & y tenir durant huit jours les enseignes, penonceaulx & armes du Daulphin en reconnoissance de Souveraineté. Et ce faisant nous avons reserve & reservons pour nous & nos successeurs Daulphins la Souveraineté , & luy avons delaissé & delaissons par ces presentes le dernier ressort ; pour d'icelluy jouyr tant qu'il nous plaira, si avant que les Marquis de Saluces en jouissoient par cy-devant & mesmement le dernier Marquis , & non autrement. Et en oultre avons reservé & reservons pour nous & nos successeurs Daulphins de Viennois , tous commis & deputez ayans mandement special pour ce faire, de pouvoir entrer & visiter forts & foybles quand bon nous semblera, es Chasteaulx, Villes & forte-

resses d'icelluy Marquisat & appartenances par nous ainsi ceddees a nostredit cousin , lequel & ses successeurs seront tenus faire le service en nos guerres, que les precedens Marquis devoient & estoient tenus faire à nos predecesseurs Daulphins & à nous. Davantage sera tenu icelluy nostredit cousin & ses successeurs, confirmer les privileges par cy-devant concedez par les Marquis de Saluces à ceulx de Chatteault-Daulphin ; & où nostredit cousin François de Saluces , & ses hoirs masles seroient rebelles, ou empescheroient aucunement à nous & à nos successeurs Daulphins l'accomplissement & jouyssance de ce que dessus, ledit Marquisat ezdit cas sera à nous & à nos successeurs Daulphins acquis , commis & confisqué , & les vassaulx d'icelluy Marquisat dez-à-present comme dez-lors, seront absols, exempts & quittes de tout hommage , tribut & recognoissance, en quoy ils estoient tenus en nostredit cousin & ses successeurs ; & lesquels hommage , devoir & recognoissance ils feront à nous & a nosdits successeurs Daulphins. Et en contemplation de l'amour , fidelité & service d'icelluy nostre cousin Françoys de Saluces , nous avons octroyé , concedé & confirmé par ces presentes, à luy & à ses hoirs masles procreez en loyal mariage, tous , tels & semblables privileges, que nos predecesseurs Daulphins ont donnez & octroyez aux Marquis, qui ont esté par cy-devant dudit Saluces, & ce tant & si avant qu'ils en ont deuement & justement joy & use par le passé, & que le dernier Marquis en jouissoit fors & excepté , & non derogeant aucunement aux chouses par nous cy-devant reservees. Et deffaillant nostredit cousin & ses hoirs masles procreez en loyal mariage successivement , ledit Marquisat retournera à nous & à nos successeurs Daulphins respectivement , esquelles cession, condition & chouses devant dittes nostredit cousin Françoys de Saluces a esté present, qui les a acceptées & euës pour agréables, & nous rendant grace de la benevolance gratuite & benefice dont nous avons usé envers luy , a promis de garder & entretenir ce que dessus, sans aucunement l'entraindre. Ce fait, s'est mis devant nous à genoulx nostredit cousin tenant une espée nuë en sa main , & nous a fait les foy & hommage liges qu'il nous est tenu faire pour raison dudit Marquisat & appartenances , en jurant & promettant sur sa foy & serment, d'accomplir le contenu au vieil & nouveau chapitre de la forme de fidelité , & de nous bailler les Lettres desdites acceptation , promesse, foy & hommage à nous faits. Si donnons en mandement à nos amez & feaulx Conseillers les gens tenans nostre Cour de Parlement de Daulphiné , à tous nos autres Justiciers & Officiers, & aux Nobles , vassaulx dudit Marquisat & autres habitans & subjets d'icelluy de garder & obferver le contenu des prefentes; & oultre, aux Gens de noftre Parlement, de icelles faire publier & enregiftrer en noftredite Cour; Car tel eft noftre plaifir. Et affin que ce foit choufe ferme & ftable à tous jours, nous avons fait mettre noftre feel à ces prefentes, fauf en autres choufes noftre droit & l'autruy en toutes. Donné à Roüen au mois de Fevrier, l'an de grace mil cinq cent trante-un & de noftre Regne le dix-huitiéme. Françoys.

L

1537. *LETTRES DU ROY PORTANT ORDRE au Parlement de Dauphiné de continuer le Procez à François & Jean-Louis de Saluces, malgré l'abfence du Premier Préfident du Parlement de Thouloufe commis par d'autres Lettres, pour tenir la place alors vacante de celui de Grenoble.*

François par la grace de Dieu Roy de France, Daulphin de Viennois, Comte de Valentinois & Dyois, à nos amez & feaulx Confeillers les Gens tenans noftre Cour de Parlement dudit Pays de Dauphiné feant à Grenoble; Salut & dilection. Comme par autres nos Lettres Patentes du xi. de Janvier dernier paffé à vous addreffans, nous vous ayons mandé & ordonné, que en la compagnie de noftre amé & feal Confeiler M. Jean Bertrandi Premier Préfident en noftre Cour de Parlement de Tolofe, auquel avions ordonné & enjoint fe tranfporter en noftredite Ville de Grenoble, & donné pouvoir de ce faire; pour ce que lors de l'expedition de nofdittes Lettres, l'Office de Préfident de noftredite Cour de Parlement de Grenoble eftoit vaccant, appellez François & Jean-Louis de Saluces ez lieux plus prochains de leur demeure & retraite à fon de trompe & cry public, & lefdits aujournemens autorifez & validez, comme s'ils eftoient faits en leurs perfonnes, & la voix & opinion dudit Bertrandi, comme s'il eftoit du Corps de noftredite Cour; euffiez à proceder, noftre Procureur general ouy, à la punition & reparation de la défection, Rebelion, Felonie proditoire & crime de Leze-Majefté commis par lefdits de Saluces freres & chacun d'eulx envers nous, & la declaration de la commife & reverfion dudit Marquifat de Saluces, ainfi qu'il appartiendroit; fuivant lefquelles nos Lettres & autres depuis decernées le dernier jour du mois de Janvier, ayez procedé ezdit ajournement & dit citatoire & inftruction dudit procez, & foit de prefent en eftat de juger; ce neanmoins avons efté avertis que faite difficulté de proceder audit Jugement en l'abfence dudit Bertrandi, pour autant que par icelles vous eft expreffément mandé icelluy juger en fa compagnie, combien qu'il ait efté ordonné feulement, parceque le lieu & fiege dudit Préfident vacquoit, comme dit eft, & que ledit lieu foit à prefent rempli, fans avoir fur ce nos Lettres. Pour ce eft-il que nous vous mandons & commettons par ces prefentes, que en la meilleure diligence que faire ce pourra, & nonobftant l'abfence dudit Bertrandi, & fans attendre fa compagnie, vous procedez au jugement & decifion dudit Procez, circonftances & dependances en noftredite Cour de Parlement, felon qu'il vous eft mandé & ordonné par nos Lettres dudit dernier de Janvier. Et lequel jugement de noftre certaine fcience, grace fpecial, pleine puiffance & autorité Royal & Delphinal, nous avons autorifé & autorifons par cefdites prefentes, voulons & nous plaift eftre de tel effet & vertu, comme s'il avoit efté jugé & decidé fuivant nofdites premieres Lettres, en la compagnie dudit Bertrandi, & le jugement qui fur ce s'en enfuivra, eftre executé comme les autres Arrefts de noftre Cour de Parlement. Car tel eft noftre plaifir. Donné à Corby le 11. jour de May l'an de grace mil cinq cent trante fept, & de noftre regne le 23. Par le Roy Daulphin, Breton.

M

1537. *PROCURATION DE GABRIEL DE Saluces, pour demander au Roy François I. l'inveftiture du Marquifat de Saluces, & pour en pretter Hommage.*

IN nomine Domini, amen. Anno ejufdem Domini M. D. XXXVII. Ind. X. & die XXI menfis Julii, actum in caftro Revelli, Salutiarum Diocefis, præfentibus magnificis & nobilibus Dominis Baldefalæ de Salutiis Condomino Payfanæ, Caftellarii &c. dictæ Diocefis, Johanne de Caftro novo Patriæ Dalphinatûs, Diocefis Valentiæ, & Johanne de Bearno Patriæ Aquitaniæ, Diocefis Loronen. omnibus fcutiferis teftibus ad infrafcripta adhibitis & vocatis. Univerfis & fingulis hoc inftrumentum infpecturis fit magnifeftum. Quod cum noviffimé ad manus Chriftianiffimi Dom. Dom. Francifci Francorum Regis comperiatur reductus Marchionatûs Salutiarum, & præfentialiter illuftriffimus ac Reverendiffimus Gabriel de Salutiis electus Epifcopus Adurenfis, mittat Reverend. D. Jacobum de Sancto Juliano Apoftolicum Prothonotarium & Magiftrum fui hofpitii, ad fupplicandum & requirendum fuam Majeftatem, ut dignetur ipfum Marchionatum cum omnibus fuis juribus & pertinentiis ipfi illuftriffimo & Reverendiffimo D. Gabrieli, tanquàm proximiori habili & idoneo de Lineâ illuftriffimorum Dominoium Marchionum Salutiarum ac suæ Majestati fido, remittere, mediante debito juramento fidelitatis suæ Majestati præstando, ac opportunam investituram superinde concedere. Hinc fuit & est, quod ibidem in prænominatorum Dominorum testium ac mei Notarii infrasignati præsentiâ personaliter constitutus Præfatus illustrissimus ac Reverendissimus Dominus Gabriel, sponte ac ex suâ certâ scientia omnique modo, viâ, jure, formâ & effectu quibus melius & validius potuit & potest, fecit, constituit, creavit & solempniter ordinavit suum verum, certum nuncium & indubitatum procuratorem, actorem, factorem & negociorum suorum gestorem, & quidquid melius de jure dici & esse potest, prænominatum Reverendum Dominum Jacobum de Sancto Juliano ibidem præsentem & onus hujusmodi in se suscipientem, specialiter & expressé, ad, nomine & vice ipsius illustrissimi & Reverendissimi Domini Gabrielis constituentis, se præsentandum coram præfato Christianissimo Domino Francisco Francorum Rege, & humillimè supplicandum suæ Majestati, quod ipsi Domino constituenti remittere & relaxare dignetur prædictum Marchionatum Salutiarum, & de eo ipsum investire cum omnibus suis juribus & pertinentiis, Castris, Locis, Villis, Terris, Jurisdictionibus, &c. contentis in investituris & litteris per quondam serenissimos Dominos Reges & Dalphinos Viennenses ac per ipsum Dominum Christianissimum Dominum Regem modernum concessis quondam illustrissimis Dominis Marchionibus Ludovico Genitori ac Michaeli-Antonio fratri ipsius Domini Gabrielis constituentis, & aliis suis prædecessoribus Marchionibus Salutiarum respective, &c. Item & ad hujusmodi investituram cum omni debitâ reverentiâ & humillima gratiarum actione acceptandum. Et propterea, ea mediante, debitum fidelitatis & homagii juramentum præfato Christianissimo Domino Regi ac Dalphino Viennensi præstandum & subeundum, & omnes alios actus necessarios & opportunos & generaliter omnia alia & singula faciendum, gerendum, &c. quæ ipse Dominus Constituens faciet seu facere posset, si personaliter interesset, &c. De quibus omnibus suprascriptis præfatus Dominus Constituens, præcepit mihi Notario subsignato fieri publicum instrumentum.

Et Ego Johannes Augustinus Gambaudi Civis Salutiarum, publicus apostolicâ autoritate Notarius, præmissis omnibus interfui & de ipsis instrumentum recepi.

<h1 style="text-align:center">N</h1>

CONTRAT DE MARIAGE ENTRE GABRIEL 1541.
Marquis de Saluces & Madelaine d'Annebaut fille du Mareschal de ce nom, sous la Clause expresse de l'Agrement du Roy, Seigneur souverain dudit Marquisat, en qualité de Dauphin.

Ibid.
Caisse de
Saluces.

A Tous ceulx qui ces presentes Lettres verront Anthoine du Prat Chevalier, Baron du Thiert & de Viteaulx, Seigneur de Nantoillet & de Precy, Conseiller du Roy nostre Sire, Gentilhomme de sa Chambre, & Garde de la Prevosté de Paris, Salut. Sçavoir faisons, que pardevant François Baltonneau........ Notaires furent presens en leurs personnes Monseigneur le Reverendissime François Cardinal de Tournon Evesque d'Aux, & Reverend Pere en Dieu Messire Jaques de St. Julian Evesque d'Aire, ou nom & comme Procureurs de hauts & puissans Seigneurs & Prince Gabriel Marquis de Saluces d'une part ; & Reverend Pere en Dieu Messire Jaques d'Annebaut Evesque de Lizieux, ou nom & comme Procureur de haut & puissant Seigneur Messire Claude d'Annebaut Chevalier de l'Ordre du Roy nostre Sire, Seigneur dudit lieu d'Annebaut, Mareschal de France & Lieutenant general pour le Roy nostre Sire en Italie, fondé de procuration....... à cause & comme stipulant pour Damoiselle Magdelaine fille dudit Seigneur Mareschal, & soy faisant & portant fort de Dame Françoise de Tournemine, femme d'iceluy Seigneur Mareschal d'Annebaut, par laquelle il promet faire ratiffier tout le contenu cy-aprés, quand requis en sera d'autre part. Lesquelles Parties esdits noms de leurs bons grez, &c....... recongnurent & confesserent en la presence & pardevant lesdits Notaires, comme en droit Jugement pardevant nous avoir fait, feirent & font ensemble & l'ung d'eulx avec l'autre, les traitez, accords, dons, douaires, promesses & obligations & choses cy-aprés declarées, pour raison du Mariage, qui au plaisir de nostre-Seigneur, sera fait & solempnisé en Sainte Eglise, dudit Seigneur Marquis & de ladite Damoiselle Magdeleine fille dudit Seigneur Mareschal. C'est assavoir iceluy Reverend Evesque de Lizieux oudit nom & pour ledit Seigneur Mareschal, avoir promis & promet donner & bailler ladite Damoiselle Magdelaine d'Annebaut par nom & loy de mariage audit Seigneur Marquis, laquelle lesdits Procureurs dudit Seigneur Marquis, pour iceluy Seigneur Marquis oudit nom, avoir promis & promettent faire prendre par ledit Seigneur Marquis à sa femme & espouse, si Dieu & nostre mere Sainte Eglise se y accordent, le plustost que bonnement faire se pourra & qu'il sera advisé entre eulx, leurs parens & amis. En faveur & contemplation duquel mariage, ledit Seigneur Evesque de Lizieux pour ledit Seigneur d'Annebaut promet & gaige payer en dot & pour le mariage de ladite Damoiselle Magdelaine, la somme de cinquante mil livres tournois : assavoir vingt mil livres tournois avant le jour des Espousailles, autres vingt mil livres tournois ung an aprés, & les dix mil livres tournois faisant le reste desdites cinquante mil livres tournois, deux ans aprés le jour desdittes Espousailles. Et pour estre ledit Marquisat de Saluces Fief de dignité, & qui ne se peult obliger ni diviser sans le consentement du Prince ou Seigneur de Fief, ledit Seigneur Evesque de Lizieux pour ledit Seigneur Mareschal pere de ladite Damoiselle, suppliera & procurera envers le Roy nostre Seigneur & Daulphin de Viennois, qu'il luy plaise avoir pour agréable & confirmer, louer, approuver & ratiffier ce present Contrat de mariage en tous & chacuns ses poincts & articles, ensemble les asseurances contenuës en iceluy & mesmement en ce que lefdites parties ezdits noms ont prefentement accordé, que le premier enfant mafle qui fottira dudit mariage fera & demeurera Marquis & principal heritier dudit Marquifat, & où ledit premier mafle decederoit fans enfans au fecond mafle, & ainfi de mafle en mafle, ledit cas advenant, &c. En tefmoins de ce Nous à la relation defdits Notaires, avons fait mettre le Seil de ladite Prevofté de Paris à ces Lettres, qui faites & paffées furent multiples l'an mil cinq cent quarante-ung, le vendredy dix-feptiéme jour de Mars. A Lay prés Paris.

O

EDIT D'HENRI II. PORTANT REGLEMENT
pour l'adminiftration de la Juftice dans le Marquifat de Saluces, avec attribution de Reffort au Parlement de Dauphiné.

Ibid.
Regiftre coté premier Livre concernant le fait du Marquifat de Saluces, cayer premier.

HEnry par la grace de Dieu Roy de France, Daulphin de Viennois, Comte de Valentinois & de Dioys, à tous, &c. Comme aprés le trépas intervenu de Gabriel Marquis de Saluces fans hoirs procréez de fa chair, nous euffions reduit en nous mains, l'Eftat & Marquifat de Saluces tenu en foy & hommage lige de nous à caufe du Daulphiné, & avec bonnes caufes, raifons & moyens en aurions retenu à nous la poffeffion utile & proprietaire, comme joint, uny & incorporé avec ledit Daulphiné. Parquoy & que l'une des premieres & principales chofes que le Prince a à faire dans ung pays nouvellement reduit fous fon obéiffance, eft de pourvoir au fait de la Juftice, par laquelle il regne fur fon peuple, vift en union & tranquilité, nous envoyafmes audit Marquifat dez-lors de ladite reduction aucuns bons, notables & experimentez perfoinages de noftre Cour de Parlement du Daulphiné, pour eulx informer & enquerir bien & deuément, de la forme qui par le paffé avoit efté tenuë & obfervée à l'adminiftration & exercice de la Juftice diftributive dudit pays & Marquifat de Saluces, des degrez de jurifdiction, ftile & façon de proceder, auffi du nombre des Officiers & de leurs qualitez, & confequemment de ce qu'ils feroient requis & neceffaire de faire & obferver pour le bien, conduite & eftabliffement de la Juftice & Miniftres d'icelle, au foulagement & repos de nos fubjets, pour fur le tout, ladite inquifition faite, nous en donner advis par lefdits Commiffaires, comme ils ont tres-bien fait. Sçavoir faifons, que veu ledit advis en noftre Confeil prive, où tout ce qui concerne cette matiere a efté bien & deuément confulté, avons par déliberation d'icelluy, de noz certaine fcience, plaine puiffance & autorité Royal par ces prefentes ftatué & ordonné par Edit perpetuel & irrevocable, que pour les Reglemens de la Juftice dudit Marquifat de Saluces, y aura dorefenavant trois Juges ordinaires fous le nom de Poteftat, qui feront établis refpectivement ez trois Villes principales d'icelluy Marquifat; c'eft affavoir, le premier en noftre Ville de Saluces; le fecond fera eftably en noftre Ville de Carmagnolles, & le troifiéme aura fon Siege en noftre Ville de Dronyer, lefquels trois Poteftats & Juges ordinaires nous avons par cefdites prefentes créez & erigez en chef & titre d'Office formé avec un Procureur pour nous & un Greffier en chafcung defdits Sieges de Poteftat, dont les Offices feront perpetuels, pour y eftre pourveu vaccations occurentes par mort, refignation ou autrement. Et auront iceulx Poteftats chacung en leurfdits diftroits, reffotts & jurifdictions en premiere inftance, toutes matieres ordinaires, tant civiles que criminelles, fors & excepté toutes fois ez terres des Gentilhommes ayant Juftice

& ez cas qui font & doivent eftre refervez, comme il eft dit cy-aprés, au Senefchal que nous voulons eftre eftably audit Marquifat comme Prefident de la Province, pardevant lequel reffortiront toutes les appellations qui feront interjettées, tant ezdittes matieres civiles que criminelles defdits trois Poteftats & des Juges defdits Gentilhommes ayant Juftice audit Marquifat, comme dit eft, pour, par ledit Senefchal congnoiftre defdites appellations, comme il faira femblablement en premiere inftance par tout icelluy Marquifat, crimes de Leze-Majefté, faulce Monnoye, feditions, rebellions, infractions de faulves-gardes, de l'enterinement de lettres de grace, pardon, remiffion & rappeaulx de ban, auffi des matieres concernant nos Domaines & Gabelles, du Seil, pareillement de caufes & differens d'entre les Nobles, des cas de complainte, pour le regard de poffeffoire en matiere beneficialle, des caufes des Communautez & generalement de tout autre cas, dont les Baillifs, Senefchaux & Juges Prefidiaulx de noftre Royaulme ont accouftumé de cognoiftre, felon nos Ordonnances faites & données entre eulx & les Prevofts & Juges ordinaires de nos bonnes Villes; & quant à ce, avons ledit Senefchal avec deux fefdits Lieutenans, l'un general & l'autre particulier, ung Avocat & ung Procureur pour nous & ung Greffier créez & erigez par cefdites prefentes, de nofd. certaine fcience, plaine puiffance & autorité, en chef & tiltre d'offices formez, comme les autres Officiers cy-deffus mentionnez, lefquels Officiers tant des Jurifdictions ordinaires que de laditte Senefchauffée tiendront & exerceront lefdits offices aulx honneurs, prérogatives, precheminances, privileges, franchifes & libertez, & droits qui y appartiennent, dont nos aultres Officiers de Juftice en femblables Sieges & Jurifdictions ont accoûtumé de joüir & ufer. Voulons & nous plaift, que ledit Senefchal Prefident de ladite Province & Marquifat de Saluces, ayt & tienne fon Siege Prefidial & fefdits Lieutenans en fon abfence avec nofdits Officiers pour ce ordonnez, en noftre ville capitale de Saluces, & reffortiront les appellations qui feront interjettées de luy ou de fes Lieutenans, en noftre Cour de Parlement de Daulphiné, comme eftant ledit Marquifat fief dependant dudit pays de Daulphiné, uny & incorporé à icelluy; neanmoins feront executoires nonobftant appel & fans préjudice d'icelluy leurs fentences, refpectivement ez cas contenus en nos Ordonnances, lefquelles s'obferveront ezdites Jurifdictions, tant ordinaires que dudit Senefchal, avec le fcellé, forme & façon de proceder qui leur feront baillées par noftredite Cour de Daulphiné, aprés avoir veu le procez verbal defdits Commiffaires, que pour cet effet nous avons envoyé fur les lieux dudit

Marquifat

Marquifat ; ainfi que dict eft. Et demeureront au furplus tous autres Offices par cy-devant tenus & exercez audit Marquifat, fupprimez, eftaints & abolis, fors & excepté les Prevoft, Chevaliers, Huiffiers & Sergens de la Juftice, qui prendront nouvelles Lettres de provifions & inftitution. Si donnons en mandement par ces prefentes à nos amez & feaulx le Gouverneur ou fon Lieutenant & Gens tenant noftredicte Cour de Parlement de Daulphiné feant à Grenoble, & à tous nos autres Jufticiers & Officiers qu'il appartiendra, que nos prefens Edict, ftatut, Ordonnance, eftabliffement création & erection, fuppreffion & abolition, & tout le refte du contenu cy-deffus ils entretiennent, gardent & obfervent &c... facent de point en point entretenir &c... Car tel eft noftre plaifir. Et affin que ce foit chofe ferme & eftable à tous jours, nous avons fait mettre noftre feil à cefdittes prefentes. Donné à Paris au mois de Juillet l'an de grace mil cinq cent quarante-neuf & de noftre Regne le troifiéme, par le Roy Daulphin en fon Confeil, Duthier ; & feellé en cire verde à fimple queuë.

P

LETTRES DE PROVISION DE L'OFFICE 1548.
de Receveur general & Treforier du Marquifat de Sa-luces, adreffees à la Chambre des Comptes.

HEnry par la grace de Dieu Roy de France, Daulphin de Viennois, Comte de Valentinois & Dioys, à tous &c. Comme par le trepas de feu Gabriel Marquis de Saluces decedé fans hoirs habiles à luy fucceder, & autrement deuëment le Marquifat dudit Saluces anciennement tenu, & mouvant de nous en foy & hommage lige à caufe du Daulphiné, foit efcheu & tombé en nos mains, au moyen de quoy foit de befoin, requis, & neceffaire pourvoir & ordonner des Eftats & Offices dudit Marquifat, mefme à celluy de Treforier & Receveur general de nos Finances en icelluy Marquifat, lequel merite bien eftre remply de Perfonnaige de cognoiffance & à nous feur & feable ; fçavoir faifons que pour la bonne & entiere confiance que nous avons de la perfonne de noftre amé & feal Maiftre Pierre Peliffon, & de fes fens, fuffifance, experience au fait de finance, loyaulté, prudhommie & bonne diligence, en faveur mefmement & pour confideration des bons & agréables fervices, qu'il a par cy devant rendus au feu Roy noftre tres-honnoré Seigneur & Pere, que Dieu abfoille, & à nous depuis noftre advenement à la Couronne, foubs noftre amé & feal coufin le Prince de Melphe Marefchal de France, Gouverneur & noftre Lieutenant de-là les Monts, tant en l'eftat de fon Secretaire aux depefches & expeditions qui fe font faites & font ordinairement par ledit Prince, pour la conduite de nos affaires de par de-là, que aultrement en plufieurs & maintes & loüables manieres. A icelluy, pour ces caufes & autres à ce nous mouvans, avons donné & octroyé par ces prefentes ledit eftat & Office de Treforier & Receveur general de nofdittes Finances ordinaires & extraordinaires dudit Marquifat de Saluces, auquel, depuis la reduction faite en nos mains d'icelluy Marquifat n'a par nous encore efté pourveu, pour icelluy eftat & Office de Treforier & Receveur general avoir, tenir & dorefenavant exercer par ledit Peliffon, aux honneurs, autoritez, prerogatives, preheminances, franchifes, libertez, droits, proufits & enolumens qui y appartiennent, & aux gaiges & entretenement qui luy feront par nous cy-aprés ordonnez. En quoi faifant il recepvra des Chaftelains, Receveurs ordinaires ez Fermes particulieres dudit Marquifat par fes quittances, qui leur ferviront d'acquit, & defcharges en leurs comptes par tout où il appartiendra, les deniers provenans en leurs receptes & fermes ; enfemble tous autres deniers extraordinaires tant d'octroy que de fubvention, qui fe leveront en icelluy Marquifat, tout ainfi & par la forme & maniere que fait le Receveur general de nos finances en Daulphiné, où il rendra les comptes d'an en an, fuivant noftre derniere Ordonnance pardevant nos amez & feaulx les Gens de nos Comptes à Grenoble, felon les eftats qui luy feront faits & dreffez de recepte & defpenfe par le General de nofdittes Finances en Daulphiné, auquel nous mandons, commettons & enjoignons de ce faire, pour les deniers que ledit Peliffon Receveur general deffufdit aura de bon en cler en fes mains, gaiges d'Offices, fiefs & aulmofnes & autres charges ordinaires & anciennes payees & acquitées, eftre portées & mis en noftre Efpargne, felon l'ordre & diftribution de nos finances. Si donnons en mandement par ces prefentes en commettant, fe meftier eft, auxdittes Gens de nos Comptes & General de nofdittes Finances en Daulphiné, que prins & receu dudit Peliffon le ferment & caution en tel cas receu & accouftume, icelluy metteut & inftituent ou facent mettre & inftituer de par nous, en poffeffion & faifine dudit eftat & Office, & d'icelluy, enfemble des honneurs, autoritez, prerogatives, &c. le facent, fouffrent & laiffent jouyr & ufer plainement & paifiblement, & à luy obeyr & entendre de tous ceulx, & ainfi qu'il appartiendra, des chofes touchant & concernant ledit eftat & Office, oftant & debboutant d'icelluy tout autre illicite detenpteur, non ayant fur ce nos Lettres de don & provifion precifes. En datte cefdittes prefentes, auxquelles en tefmoins de ce nous avons fait mettre feil. Donné à la Verpelliere le dernier jour de Juillet, l'an de grace mil cinq cent quarante huit & de noftre Regne le deuziéme. Ainfi figné fur le reply, par le Roy Daulphin, le Sire de Montmorency Conneftable & grand Maiftre de France prefent, Du Thier ; & feillées en cire rouge à queuë double.

Ibid.
Regiftre coté
3. Officiariorum

C

Q

 LETTRES DU ROY HENRY II. PORTANT création de six Offices de Conseiller au Parlement de Grenoble, en consequence de l'attribution de Ressort audit Parlement, de la Principauté d'Orange & Marquisat de Saluces.

Ibid.
3. *Officiariorum.*

HEnry par la grace de Dieu Roy de France, Daulphin de Viennois, &c. à tous, &c. Les Edits & Ordonnances que nous avons faits depuis nostre avenement à la Couronne, sur le fait & administration de la Justice à nos Sujets, temoignent assez le soin que nous avons toûjours eu de les retirer de procés ; mesmement par le moyen de l'Edit fait par feu nostre trés-honnoré Seigneur & Pere au mois d'Aoust M. D. XLVI. de la suppression des Offices de Conseillers dans nos Cours souveraines. Nostre Cour de Parlement de Dauphiné, qui en sa premiere création estoit composée d'un Président & onze Conseillers, & par deux nouvelles créations augmentée jusqu'au nombre de dix-huit, a esté comme est à present, reduit au nombre de quinze : assavoir de deux Presidens & treize Conseillers, dont les aucuns se trouvent le plus souvent malades ou absens ; de sorte qu'ils ne peuvent faire qu'une Chambre la pluspart du temps, laquelle occupée à tenir les Audiances publiques deux ou trois jours la semaine, & les matinées des Mardis & Vendredis à l'expedition des procés criminels ; & les Mecredis & Sammedis tant seulement pour l'expedition des Procés par écrit civils, lesquels estant à trés grand nombre sont faits presque immortels. Mesme ayant égard que nostredite Cour, a esté cruë de Ressort & Jurisdiction depuis sa premiere création : sçavoir des Marquisat & Terres de Saluces, & de la Souveraineté & Principauté d'Orange, ainsi que nostre trés-cher & amé cousin le Duc de Guise Gouverneur & nostre Lieutenant General dudit Pays nous a fait entendre :

ayant sur ce receu plusieurs avertissemens desdits faits, tant de nos amez & feaulx nos Advocat & Procureur en nostreditte Cour, que autres bons & notables personnages & sujets dudit Pays, pour estre sur ce par nous pourveu, pour le bien de Justice, de la chose publique dudit Pays & soulagement de nos Sujets, sçavoir faisons que nous ayant heu sur ce l'advis de nostre Conseil privé, avons dit, declaré, statué & ordonné, & par nostre Edit perpetuel & irrevocable, de nostre certaine science, pleine puissance & authorité Royalle . . . . qu'outre le nombre de Conseillers de nostreditte Cour de Parlement de Daulphiné, tant de l'ancienne que des nouvelles cruës subsequentes, qui sont à present quinze en nombre, il y aura encore six Conseillers Lais, pour parfaire jusqu'au nombre de vingt-un, que nous avons ordonné & ordonnons, pour faire deux Chambres ordinaires, & en chacune d'icelle estre les procés & differens y pendans, jugez & decidez. Estant lesdits Presidens & Conseillers en chacunes desdittes Chambres en tel nombre que nostreditte Cour de Parlement des matinées & aprés-dinées a accoutumé de faire Arrest. Et lesquels six Conseillers nous y créons & erigeons en chef & titre d'Offices formez, pour, avec les Presidens & Conseillers desdittes anciennes & nouvelles créations, exercer lesdits Offices de Conseillers, & jouyr des honneurs, autoritez, prerogatives, preheminances, pouvoir, puissances & facultez . . . . . . Si donnons en mandement. . . . . Donné à Compiegne au mois d'Aost, l'an de grace M. D. LIII. & de nostre Regne le VII.

R

 LETTRES DU ROY HENRY II. PORTANT création d'un Office de President en la Chambre des Comptes de Grenoble, en consequence d'une nouvelle attribution de Ressort à ladite Chambre.

Ibid.
3. *Officiariorum.*

HEnry par la grace de Dieu, Roy de France, Daulphin de Viennois, &c. . . . Comme nous eussions uny en l'an 1550. la Chambre des Comptes de Piedmont & Savoye à nostre Chambre des Comptes de Daulphiné, & estably nostre amé & feal Me. Pierre Plovier auparavant Président de ladite Chambre des Comptes de Piedmont & Savoye, second President en celle dudit Daulphiné ; & depuis nous aurions pour aucunes bonnes causes & considerations, desuny ladite Chambre des Comptes de Piedmont & Savoye de celle dudit Daulphiné, en laquelle Chambre dudit Daulphiné toutesfois, pour les affaires qui y sont & surviennent

chacun jour, & mesmement que depuis nostre advenement à la Couronne, les Officiers comptables du Marquisat de Saluces, qui a esté reünis à nostreditte Couronne, y viennent compter & ressortit en fait de ligne de compte ; il est bien raisonnable & requis, que oultre le Président, qui y est de present seul en ladite Chambre des Comptes de Daulphiné, auquel advenant maladie ou autre necessaire occupation pour nos affaires, ladite Chambre demeure sans Chef & President, que il y ait en icelle Chambre un second President, qui y preside, serve de Chef, & y conclue en l'absence dudit premier : sçavoir faisons que nous, ce confideré, ayans mis cette affaire en déliberation des gens de noftre Confeil, avons par leur advis cité & erigé par ces prefentes, un fecond Prefident en ladite Chambre des Comptes de Daulphiné en chef & titre d'office, aux honneurs, autoritez, prérogatives, &c. fçavoir faifons que nous à plain confians de la perfonne dudit Me. Plovier nagueres Premier Prefident de noftre Chambre des Comptes de Piedmont & Savoye, & de les fiens, &c.... Audit Plovier, pour ces caufes & autres bonnes & raifonnables confiderations à ce nous mouvans, avons donné & octroyé, donnons & octroyons par ces prefentes, ledit Office de fecond Prefident en ladite Chambre des Comptes de Daulphiné, ainfi par nous créé & erigé, comme dit eft, en titre

d'Office, pour l'avoir, & dorefenavant tenir, & exercer par ledit Plovier aux honneurs, &c.... Si donnons & mandement à nos amez & feaulx les gens tenans noftre Cour de Parlement & de nos Comptes dudit pays de Daulphiné, que lefdittes prefentes ils facent lire, publier & enregiftrer, & dudit Plovier pris & receu le ferment en tel cas requis & accouftumé, icelluy reçoivent, mettent & inftituent en poffeffion & faifine dudit Office &c. Donné à Villiers-Coterets au mois de Novembre, l'an de grace mil cinq cent cinquante-trois, & de noftre Regne le feptiéme, ainfi figné, Henry. Et fur le reply, par le Roy Daulphin, De l'Aubefpine.

S

LETTRES DU ROY CHARLES IX. PORTANT

confirmation du droit de Reffort en faveur du Parlement de Dauphiné fur le Marquifat de Saluces, avec union à perpetuïte dudit Marquifat.

CHarles par la grace de Dieu Roy de France, Daulphin de Viennois, Comte de Valentinois & Dioys, &c. Sçavoir faifons que fur la Requefte à nous prefentée par les Deputez des Habitans du Marquifat de Saluces, tendante entre autres chofes à ce que, pour leur foulagement & nous pluft de eftablir une Cour de Parlement audit Marquifat & terres de noftre obeïffance en Piedmont, & à ces fins ledit Marquifat fuft defuny du Reffort de noftre Cour de Parlement du Daulphiné. Veu par nous en noftre Confeil privé ladite requefte, fur laquelle fuft refpondu que avant que d'ordonner aucune chofe fur ledit eftabliffement, feroit efcript & mandé à noftre Cour de nous envoyer tels d'entre eulx qu'ils adviferoient, pour nous faire entendre ce qu'ils auroient à nous dire & remontrer en cet endroit ; & aprés avoir ouy en noftre Confeil les remonftrances qui fur ce nous ont efté verbalement faites de la part defdits Deputez, & celles auffi qui nous ont efté faites depuis par les Deleguez de noftredite Cour & par noftre Procureur general en icelle ; & le tout confideré, de l'avis de noftre Confeil privé, avons dit, ordonné & declaré, fans avoir efgard à ladite requefte & chofes remontrées de la part des Deputez dudit Marquifat, & ayant efgard aux remontrances faites par les Deleguez de noftredite

Cour de Parlement & par noftredit Procureur general en icelle, qu'il ne y a lieu d'eftablir Cour de Parlement en icelluy Marquifat ; ains qu'il demeurera perpetuellement uny au Reffort de noftre ditte Cour. Si donnons en mandement par ces prefentes à tous & chafcun nos Officiers de noftredit pays de Daulphiné, enfemble dudit Marquifat, qu'ils ayent à obferver, garder & entretenir, & faire obferver, garder & entretenir nofdittes Ordonnances & Declarations felon leur forme & teneur. Car tel eft noftre plaifir. Donné à Paris le XXII. jour d'Octobre, l'an de grace 1563. & de noftre Regne le troifiéme, & fur le reply eft efcript, Par le Roy Daulphin en fon Confeil, Hurault. Et fcellées en cire rouge fur double queuë.

La Cour ordonne que fur le reply defdittes Lettres fera mis, leuës, publiées, ouy & ainfi le requerant le Procureur general du Roy, & fera fait regiftre d'icelles tant au Greffe de la Cour que en la Chambre des Comptes, & que *vidimus* en fera envoyé en la Senefchauffée de Saluces, pour y eftre fait femblable lecture & publication : enjoignant au Senefchal de Saluces d'en faire faire regiftre, tant au Greffe de la Senefchauffée, que autres lieux dudit Marquifat. Fait à Grenoble en Parlement le 5. jour de Juin, l'an 1564. Ainfi figné, Pifard.

Ibid.
Regiftre cotté 2.copiar. Marchion. Salutiarum.

T

LETTRES D'HENRY II. PORTANT

établiffement d'une nouvelle Chambre au Parlement de Grenoble, compofee d'un Prefident & huit Confeillers Catholiques, d'un autre Prefident & quatre Confeillers de la nouvelle Religion.

HEnry par la grace de Dieu Roy de France & de Pologne, Dauphin de Viennois, Comte de Valentinois & Dioys, à tous, &c. Créons une nouvelle Chambre en noftre Cour de Parlement

de Dauphiné, & ladite Chambre compofons du nombre de deux Prefidens : Le premier de la Religion Catholique & l'autre de la Religion Pretendué Reformée, & douze Confeillers, dont les

Ibid.
5.Officiariorum.

huit feront Catholiques, & quatre de ladite Religion, pour par icelle Chambre connoiftre & juger fouverainement en dernier Reffort & par Arreft, privativement à tous autres, des procés & differens, efquels ceux de ladite R. P. R. & autres qui ont fuivi leur party, où aucun-d'eux foit partie, felon la connoiffance qui leur en eft attribuée, & ainfi qu'il eft porté par noftre Edit de Pacification, en laquelle Chambre voulons & entendons que les Prefidens qui font de prefent & feront cy-aprés en noftredicte Cour de Parlement, ferviront l'un aprés l'autre chacun à fon tour, & neanmoins pour l'ablence de noftre aimé & feal Me. Iean de Believre Premier Prefident, nous avons à prefent nommé noftre, auffi aimé & feal Me. Gafpard Heard fecond Prefident & avec luy nos amez & feals Mes. Guill. Emé, George Bailly, Aymard de Vitieu, Antoine Morard, Thomas Mitalier, Pierre du Chemin, Henry Ferrand, & Iean de la Croix Confeillers en noftredicte Cour, pour fervir les premiers en ladite Chambre ; & lequel fervice nous voulons, leurs mandons & enjoignons qu'ils ayent à continuer un an durant, à prendre au jour qu'ils le commenceront : à fçavoir fix mois en noftre ville de Grenoble, où nous entendons que foit la premiere feance de lad. Chambre, & autres fix mois en telle autre de nos villes dudit pays, que nous ordonnerons par cy-aprés : & dans lefdits premiers fix mois & leur temps d'un an paffé y entreront fucceffivement, & ferviront femblable temps & efpace les autres Prefiders, l'un aprés l'autre, fans attendre fur ce autre nouveau mandement de nous, entre bie tels autres de nofdits Confeillers que nous avifions d'ordonner, avec chacun d'iceulx Prefidens. Ce que pareillement des-à-prefent comme pour lors, nous enjoignons à iceulx Confeillers trés-expreffement de faire. Et pour remplir ladite Chambre jufqu'au nombre dont elle eft par nous compofée &c..... créons & erigeons un Office de Prefident & quatre Offices de Confeillers en noftredicte Cour &c. Voulons en outre, que là où nos Avocat & Procureur generaux ne pourront, en ce qui s'offrira du fait de leurs Charges, ne pareillement le Greffier criminel au fait de fon eftat vacquer & fervir en noftredicte Chambre, que noftre Procureur general ait à fubftituer, & icelluy Greffier, commette refpectivement perfonnes capables &c. Donne à Paris au mois de Janvier l'an de grace mil cinq cent foixante dix-neuf, & de noftre Regne le cinquiéme, ainfi figné, Henry. Et au repiy, par le Roy Dauphin eftant en fon Confeil, De Neuville. Vifa & fcillées en cordon & foye verde & rouge en cire verde.

1581. *PROVISIONS D'UN OFFICE DE CONSEILLER en la Chambre Tri-partie autrement, de l'Edit.*

Ibid.
Regiftre coté
5. Officiariorum.

HEnri par la grace de Dieu Roy de France & de Pologne, Dauphin de Vienn. &c. Sçavoir faifons, que pour l'entiere confiance que nous avons en la perfonne de noftre cher & bien amé Me. Eftienne de Burle, Docteur ez Droits & de fes fens, fuffifance, loyaulté, prudhommie & experience au fait de Judicature & litterature ; à icelluy, pour ces caufes & autres à ce nous mouvans, avons donné & octroyé par ces prefentes, l'eftat & Office de Confeiller en la Chambre Tri-partie par nous eftablie en noftre Cour de Parlement de Dauphiné, fuivant l'Edit de Pacification & articles particuliers & des conferences, ledit Office vaquant par le trepas de feu Me... de Frize de St. Marcelin, decedé avant la feance de ladite Chambre & auparavant fa reception, pour ledit eftat & Office avoir, tenir & dorefenavant exercer, en joüir & ufer aux honneurs..... Si donnons en mandement à nos amez & feaulx les gens tenans noftre Cour de Parlement en ladite Chambre de Dauphiné, qu'aprés leur eftre apparu des bonnes vie, mœurs, fuffifance & capacité dudit Burle, & d'icelluy pris, reçeu le ferment en tel cas requis, icelluy reçoivent, &c. Donné à Paris le XXVII. jour d'Octobre, l'an de grace MDLXXXI. & de noftre Regne le huitiéme.

V

1549. *LETTRES DE CONFIRMATION DES OFFICIERS du Parlement par le Roy Henry II. à fon avenement à la Couronne.*

Ibid.
Regiftre coté
3. Officiariorum.

HEnri par la grace de Dieu Roy de France, Daulphin de Viennois, Comte de Valentinois & de Dioys, à tous, &c. Sçavoir faifons que nous voulans bien & favorablement traitter nos amez & feaulx Prefidens & Confeillers, Advocat & Procureur de noftre Cour de Parlement de Daulphiné eftablie à Grenoble cy-aprez nommez, ainfi que le meritent les bons & grands fervices qu'ils ont cy-devant faits au feu Roy noftre tres-honnoré Seigneur & Pere, & le bon & loyal devoir qu'ils ont fait jufques icy en l'exercice de leurs Offices & adminiftration de Juftice, en quoy, comme nous efperons, ils continueront encore de bien en mieulx cy-aprez C'eft affavoir Mes. Claude Believre premier, Michel de Geves fecond, Prefidens, Aim. Rival, Eyn. Mullet, Hen. Martel, J. Bonfils, A. Plovier, Lau. Rabot, J. Galbert, J. de St. Marcel, Cl. Pafcal, Guil. de Portes, Phelix de la Croix, Guy du Vache, & P. Cynat Confeillers, Audouyn Advocat, & Me. J. de Lautier Procureur en noftre ditte Cour, à iceulx & chacun d'eulx, pour les caufes & auffi pour la parfaite & entiere confiance que nous avons de leurs perfonnes & de leurs fens, fuffifance, vertus, integrité, loyaulté, prudhommie & grande diligence, avons confirmé & continué par ces prefentes, leurs deffufdits Offices, qu'ils ont tenu & exercé du vivant du feu Roy noftredit Seigneur & Pere, & jufques au jour de fon trepas, tiennent & exercent encores de prefent, & lefquels en tant que befoing feroit,

&

& qu'ils pourroient estre dits vaquants au moyen du trepas de nostredit feu Seigneur & Pere, leur avons & à chacun d'eulx respectivement donné & octroyé par cesdites presentes, pour les avoir, tenir & doresenavant exercer par eulx, aux honneurs, autoritez, prerogatives, preheminances, franchises, libertez, gaiges tant de matinées que d'aprés-dinées, droits, profits & émolumens accoustumez, & qui y appartiennent, tant qu'il nous plaira, sans qu'ils soient pour ce, tenus faire aultres nouveaux sermens, que ceulx qu'ils & chascun d'eulx en ont cy-devant faits & prestez du temps de feu nostredit Seigneur & Pere, ne prendre aultre nouvelle institution, verification ni expedition pour la jouïssance desdits Offices & perception desdits gaiges & Droits, que celles qu'ils en ont cy-devant eües & prises. Et cesdites presentes ou *vidimus* desquelles, collationné par

l'un de nos amez & feaulx Notaires & Secretaires, fait soubs Siaulx Royaulx ou Dalphinaulx, nous voulons foy estre ajourée comme au present original; auquel en temoin de ce, nous avons fait mettre nostre seil. Donné à Reims le 27. Juillet, l'an mil cinq cent quarante sept, & de nostre Regne le premier; ainsi signé, Par le Roy Daulphin, Clausse; & scillees à double queuë en cire rouge, & au pied d'icelles est escript: sans taxe, de la Chesnaye; & sur le reply desdites Lettres est aussi escript, du XII. Rolle de Confirmation, sans taxe.

Registrata in Curiâ Parlamenti Delph. Besson.
Registrata in Camerâ Compotorum Delph. de præcepto ipsorum Dominorum Compotorum vac die ultimâ mensis Maii, ann. Dom. M. D. XLIX. Guion.

Y

RECOGNITIO BERLIONIS DE CHANDIACO, 1241.

in quâ pro confinibus Terræ suæ assignat Pontem Lugduni & Alveum Rhodani quantum equus intrare potest.

ANno Domini M.CCXLI. Ind. XIV. IX. Kal. Augusti. In præsentia intrascriptorum testium, Dominus Berlio de Chandiaco requisitus per Dominum Amedæum Comitem Sabaudiæ, recognovit coram Curia ejusdem Domini Comitis, se tenere & habere ab eodem Domino Comite Sabaudiæ, in feudum Castrum Chandiaci, cum suis pertinentiis omnibus, & ipsum Castrum semper tenetur reddere Domino Comiti Sabaudiæ, quandocumque Domino Comiti placuerit, & inde per ipsum seu certum nuncium extiterit requisitus.

Item confessus fuit se tenere in feudum à Domino Comite Sabaudiæ quidquid tenet & possidet, & tenere & possidere debet à Furcis Falaverii usque ad Pontem Lugduni, ac etiam infrà Rhodanum, tantùm quantùm Equus unus intrare potest, hoc excepto quòd non natet, & ex aliâ parte quidquid tenet & possidet à Sabiono usque ad Pontem Lugduni, & quidquid infrà hos terminos possidet, totum est de feudo Domini Comitis Sabaudiæ.

Item quidquid tenet, &c. Actum est hoc apud Boxiam, ubi fuerunt testes vocati & rogati, Simboldus, Dominus Clarimontis, Dominus Humbertus de Sayfelio, Humbertus Marescallus, Guillelmus Boinard, Guillelmus Revoyri, & Petrus de Turuone Milites, Ego Jacobus Berb in Sacri Imperii & Comitis Sabaudiæ Notarius, scripsi & tradidi.

Ibdi.
Caisse du Venois.

Z

TRANSACTIO INTER GUILLELMUM PRINC. 1471.

Aurayca & Universitates Principatûs ipsius, super modo & formâ servandis in Justitiâ ministrandâ, & qualite rab Officiariis Principis recursus haberi possit & à Principe ipso in casu gravaminis.

IN nomine Domini amen. Anno Incarna. ejusdem Domini M. CCCCLXXI. & die Lunæ xx. mensis Decembris, Serenissimo & Potente Principe & Domino nostro Guillelmo de Cabrilione Dei gratiâ Aurasicæ Principe, Barone & Domino de Arlaco existente: noverint universi, quod cum Communitates & Universitates ac quàm plures singulares personæ Civitatis Aurasicæ & ocorum. Curtedonis, Jonqueriarum. & Gigondani dicti Principatus Aurasicæ, conquererentur de pluribus diversis injustitiis, oppressionibus, facti operibus, dampnis & gravaminibus ipsis Communitatibus & particularibus personis, tàm per Officiarios quàm alios servitores, familiares præfati Domini Principis, ut dicebant, illatis & dietim inferendis, &c. Hinc igitur fuit & est, quòd anno & die prædictis, in nostrorum Notariorum & testium subscriptorum præsentâ existens & personaliter constitutus antè nominatus Dom. noster Aurasiæ Princeps, volens & de toto ejus posse cupiens dictas Communitates & singulares personas eorumdem, um debitâ & bonâ justitiâ nutrire, & manu tenere, & ipsas in illicitis & in-

Ibid.
Registre coté 4. col. Val. & Dienf.

D

d.... ris oppreffionibus præfervare , &c. Concorda-
vit in hoc qui fequitur modum : videlicet quòd
ipfe Dominus nofter Auraficæ Princeps & fui fucceffores per in perpetuum teneantur & debeant fingulis annis , & de termino affueto providere dictis
Communitatibus & earum civibus , prout ad eum
fpectabit , de bonis, idoneis, fufficientibus Viguerio
& Judice ordinariis , coràm quibus Viguerio
& Judice omnes caufæ tàm civiles quam crimi-
nales, primò ventilari & determinari debeant, &
inde de Judice primarum appellationum ad quem
poffit & valeat appellari , & recurfus haberi ab eifdem Viguerio & Judice ; & inde de eo Judice
appellationum poffit & valeat appellari & recurfus
haberi per dictas Communitates & fingulares per-
fonas earumdem ad Dom. Gubernatorem & Regen-
tem dicti Principatûs Auraficæ , quem admodum
tempore deceffus Sereniffimi Domini noftri Principis Auraficæ quondam patris ejufdem Domini &
noftri Principis Auraficæ moderni ita fieri erat fue-
tum, ita & taliter , quòd prænominati Officiarii
& eorum quilibet teneantur & debeant Juftitiam
partibus miniftrare debitam fine aliquali diffimulatio-
ne aut perfonarum acceptione, in fuifque judiciis, pro-
ceffibus & fententiis procedere & fententiare fe-
cundum juris ftricti formam & ordinem, & omnes
libertates, immunitates, franchefias, ufus & con-
fuetudines tàm dictæ Civitatis Auraficæ , quam
aliorum locorum prædictorum fervare & cuftodire

de puncto ad punctum , abfque eo & propter id
quod ipfi Officiarii per dictum Dominum noftrum
Auraficæ Principem vel fuos fucceffores , in Juftitia
miniftranda vel in audiendis caufis impediantur,
aut eorum alter impediatur per aliquas com-
miffiones extraordinarias, &c. Et in cafum in
quem prætactæ Communitates vel aliquis particu-
laris ex eifdem , in generali vel in particulari gravarentur , & contra jus & juftitiam opprimerentur
feu gravarentur , per eundem Dominum noftrum
Principem vel fuos Succeffores aut dictos fuos Officiarios , tunc voluit & expreffe confentit idem
Dominus nofter Auraficæ Princeps per fe & fuos,
ut fuprà, quòd liceat & licitum fit dictis Communitatibus & fingularibus perfonis earundem con-
junctim vel feparatim , impugne liberum & fine
aliquali contradictione ab eifdem Domino noftro
Auraficæ Principe & fuis fucceffioribus vel dictis
fuis Officiariis præfentibus & futuris provocare,
appellare , fupplicare, quærelare & recurfum habere , ubi de jure poterunt & debebunt , & ubi
eis feu eorum alteri ita recurrere bonum videbitur , &c. Acta & recitata fuerunt hæc Auraficæ
civitate ; videlicet in domo habitationis nobilis
Bartholomæi Vincentis Domini de Caufanis , præfentibus ibidem nobilibus viris Auberto de Rodio
Vienn. Diocefis, Antonio de Veronia Condomine
de Viniobris , &c.

AA

 VENDITIO SIVE TRANSPORTVS HOMAGII
& fuperioritatis Principatûs Aurayca, factâ Dom. Lu-
dovico Regi Dalph. per Guill. Principem Aurayca.

Ibid.
2. Cop. Vienn.
& Val, &c.

IN nomine , &c. Noverint univerfi, &c. quòd
anno ab Incarnatione Domini M. CCCCLXXV.
die verò ix. menfis Junii, ind. viii. Pontificatûs
fanctiffimi in Chrifto Patris & Domini Sixti Divi-
na providentiâ Papæ quarti, anno iv. in noftrum
Johannis Eiterlin , & Guillelmi Lambert Præsby-
terorum, publicorum Apoftolicâ & Imperiali au-
toritatibus Curæque Archiepifcop. Rothomagenfis
Notariorum juratorum , ac teftium infrafcript. præ-
fentiâ, exiftens , & perfonaliter conftitutus Nobilis
& Potens Dominus Guillelmus de Cabilone Miles,
Princeps Aurayæ & Dominus de Arlaco , qui
ibidem vivæ vocis oraculo nobis Notariis publicis
anteactis , & teftibus infrafcriptis præfentibus &
audientibus dixit, & declaravit , ac in veritate palàm & publicè recognovit fibi , pro nonnullis
fuis neceffariis & perurgentibus negotiis de præfenti neceffarium exiftere aliquas pecuriarum fum-
mas, fuper aliquâ parte fui patrimonii minûs ipfi
damnofâ recuperare. Affectans non mediocriter ipfe
Dom. Princeps Aurayæ , ficut dixit , fibi & fuis
hæredibus & fucceffioribus ipfius Principatûs Principibus, favorem , tutelam , & protectionem ex-
cellentiffimi & Chriftianiffimi Principis & Domini
noftri Domini Ludovici Dei gratiâ Francorum Regis, Dalph. Vienn. & fuorum fucceffiorum Dalph.
Vienn. vindicare & acquirere, Cognofcens ab ex-
perto re ipsâ fuadente , dictus Dominus Princeps
Aurayæ , honorem & utilitatem quæ ex hoc fibi
& fuis domuique fuæ poffunt in des. ff rri : Et
quòd ipfe Dom. Princeps , itaque fui r dicto Principatu tutelam , necu protectionem fecuriorem ,
& ftabiliorem adverfus omnes, qui fibi & domui

fuæ prædictæ damna , gravamina & injurias inferre
præfumerent, habere poffunt ; quàm præfatum Chri-
ftianiffimum Regem & Dalph. fuoique fucceffores Dalph. Vienn. pro Principibus & Don. habere,
ac ipforum homo fidus & vaffallus fieri , atque con-
ftitui ; ut eo libentius ipfe Chriftianiffimus Rex &
Dalphinus , atque fucceffores Dalphini Viennenfes,
præfatum Dominum Principem ac Principatum Au-
raycenf , tueri atque protegere deinceps inclinen-
tur. Confiderans nunquam dictus Dom. Princeps Au-
raycenf. quòd ab antiquo Principatus ipfe fubjec-
tus erat, atque in feudum & homagium ligium,
refformum & jurifdictionem fuftentan per appella-
tiorem, a Sereniffimo & Poteftiffimo Principe Re-
nato Siciliæ & Jerufalem Rege, Luce Ardex venf.
ad caufam fui Comitatûs Provinciæ, tenebatur. Qui
quidem Dom. Renatus multis jam annis diverfis,
hujufmedi feudum, homagium , refformum , jurifdictionem, cæteraque alia jura & deveria, quæ, in
& fuperdicto Principatu ipfe , fuique anteceffiores
olim habuerant, haberecue poterant & debebant,
ceffit, vendidit & perpetuò tranfportavit Nobili
quondàm & Potenti Domino Ludovico de Cabilone, cùm vitam in humanis agerent Auraycenfi
Principi, Don. de Arlaco, Patri dicti Dom. Principis nodeui. Qod utique homagium , reffor-
ium , jurifdictionem, & alia jura & deveria fupra-
dicta , præfatus Chriftianiffimus Rex tanquàm con-
fanguineus proximus dicti Dom. Renati Siciliæ &
Jerufalem Regis ejus avunculi, jure retractûs , con-
fanguinitatis , & proximitatis , & tamquàm con-
fanguineus, & lignagerius proximior tunc recuperare, retrahereque potuiffet. Qua de re præfatus ,

Chriſtianiſſ. Rex juſtiùs & rationabiliùs moveri, &
inclinari debuit, & debet, ut dicebat præfatus Dom.
Princeps Auraycæ, ad ea quæ per dictum Siciliæ
Regem ejus avunculum vendita & alienata fuere,
acquirenda ; quàm ſi per alium extraneum deſtru-
cta ſeu alienata extitiſſent, &c. Atque rationibus,
cauſis & conſiderationibus urgentibus & neceſſariis,
ac aliis multis & rationalibus cauſis ad hoc præfatum Dom. Principem Auraycæ, ut dicebat, im-
pellentibus ; & quibus præfati Dom. Principes Auraycæ, ſucceſſores & hæredes nullo unquam tempore contravenire deberent, ſi vitium ingratitudi-
nis erga eum incurrere formidarent. Præfatus Dom.
Guillelmus de Cabilone Princeps Auraycæ dicto
Chriſtianiſſimo Regi oſtenſi facit ſibi venditionem,
ceſſionem & tranſportum facere de dicto feudo, homagio ligio, fidelitatis juramento & obedientiâ,
reſſorto & juriſdictione per appellationem, pariter &
recurſum dicti Principatûs Auraycenſis. Ad quæ
Chriſtianiſſimus Rex ſtatuit & decrevit intendere,
tùm ob conſiderationes prædictas, quàm etiam ex
eo, quód ad cauſam inclitæ memoriæ Excellen-
tiſſimæ Principiſſæ Reginæ Mariæ quondam matris
ſuæ, ſororiſque germanæ, & primogenitæ dicti Siciliæ Regis, cujus animæ propicietur Deus, pars
dicti Comitatûs Provinciæ jure ſucceſſionis natu-
ralis eidem Chriſtianiſſimo Regi competit & per-
tinet, ac in futurum competere & pertinere poterit in ſolidum. Hinc ſiquidem fuit & eſt, quód
hac die datæ præſentis publici inſtrumenti nunc
& perpetuò valituri, in noſtrum Notariorum prædictorum ac teſtium infraſcript. præſentiâ præfatus
Dom. Guillelmus de Cabilone Princeps Auraycæ,
de facto ſuo debitè certificatus & adviſus, non
deceptus, non circumventus, non coactus nec
compulſus, ſed gratis, & ex ejus certâ ſcientiâ,
puràque, & ſpontaneâ voluntate, & quià ſibi valdè
placuit & placet, conſtituit, vendidit, ceſſit, tranſpor-
tavit pro ſe & ſuis hæredibus & ſucceſſoribus univerſis cauſàmque ab eo nunc habentibus aut in futurum
habituris præfato Chriſtianiſſ. Principi Dom. Ludovico
Dei gratiâ Francorum Regi, Dalphino Vienn. ac uti
& tanquàm Dalphino Vienn. licet abſenti, nobis
Notariis publicis ſuprà nominatis tanquàm publicis & authenticis perſonis, vice, nomine & ad opus
& utilitatem dicti Chriſtianiſſimi Regis & Dalphini, ac nomine Dalphini ſuorúmque hæredum &
ſucceſſorum Dalph. Vienn. ſtipulantibus, acceptan-
tibus ac ſolemniter recipientibus, per in perpetuum ſuper dictâ Dominatione & Princip. Auraycenſi,
ac ſuper omnibus villis, terris, dominationibus,
hominibus, vaſſallis & ſubditis, pertinent. & dependent. dictæ dominationis & Principatûs Auraycæ : videlicet totum jus feudi, homagii & juramenti fidelitatis, cum totâ & totali & tantâ ſub-
jectione & obedientiâ, quam vaſſallus & homo li-
gius Domino ſuo ſupremo facere & præſtare tenetur. Et ſpecialiter, & per expreſſum ſuperioritatem juriſdictionis & ultimum reſſortum per appellationem, reclamationem, ſupplicationem, re-
viſionem, recurſum, &c. in quibus homines, vaſſalli, & ſubditi dicti Principatûs Auraycenſ. ſe per
dictum Dom. Principem, & ſuos in dicto Principatu Auraycenſi ſucceſſores, eorum Viguerios, Judices, Gubernatores, & alios Officiales, eorumque
Locatenentes & Commiſſarios, gravatos ſenſerint
& oppreſſos. Quæquidèm appellationes, reclama-
tiones, provocationes, ſupplicationes, reviſiones &
recurſus, forum & juriſdictionem omnem in Parla-
mento Dalphinali ſortientur, ibíque judicabuntur,
decidentur & determinabuntur, in ultimo reſſortu
& ſuperioritate, ſecundùm leges, jura, conſue-
tudines & obſervantiam dicti Principatûs, & abſque eo quód homines, vaſſalli, habitantes & ſubditi Principatûs antedicti, poſſint aut debeant, nec

eis nunc aut in futurum licitum aut permiſſum
exiſtat, in ultimo reſſortu appellare, reclamare,
nec recurrere ad aliam Curiam ſeu juriſdictionem
præterquam dictum Parlamentum Dalphinatus, &
de dictis juribus feudi, homagii ligii, juramenti
fidelitatis, ſubjectionis, obedientiæ, juriſdictionis,
ultimi reſſortus & ſuperioritatis, præfatus Dom.
Guillelmus de Cabilone pro ſe & ſuis hæredibus &
ſucceſſoribus cauſàmque ab ipſo habentibus, &
habituris ſe penitùs & omninò deſtituit, deveſti-
vit & deſſaiſivit, ac prætactum Chriſtianiſſimum
Regem, ut & tanquàm Dalphinum Vienn. pro ſe
& ſuis hæredibus & ſucceſſoribus Dalph. Vienn.
veſtivit, atque ſaiſivit. Ipſeque Guillelmus de Cabilone pro ſe & ſuis ac omnibus hæredibus, ac
ſucceſſoribus ſuis prædictis, prædictùm jus feudi
ligii, homagii, juramenti fidelitatis, juriſdictionis,
reſſortûs & ſuperioritatis ſuprà nominatorum, conſtituit & aſſignavit, ac conſtituit & aſſignat præfato Chriſtianiſſimo Regi, ut & tanquàm Dalph.
Vienn. ac ſuis hæredibus & ſucceſſoribus Dalph.
Vienn. in & ſuper dicto Principatu Auraycenſi,
ac omnibus & ſingulis villis, caſtris, terris, dominationibus, hominibus, vaſſallis & ſubditis dicti Principatûs, ſuiſque pertinent. & dependent.
univerſis. Et nihilominùs dictus Dom. Princeps
Auraycæ voluit, conſentiit, recognovit & con-
feſſus fuit, hujus preſentis & publici inſtrumenti
perpetuò valituri ſerie, & ex pacto ſpeciali valido,
ſolemni & expreſſo, in ſtipulationem legitimam &
ſolempnem deductò, quòd ipſe Dom. Guillel. de
Cabilone Princeps Auraycæ & ſui hæredes & ſucceſſores, cauſam ab ipſo habentes, & habituri in
dicto Principatu Auraycenſi, ſunt de præſenti, &
ab hac horâ deinceps in antea perpetuò erunt ad
cauſam dicti Principatûs Auraycenſ. homines vaſſalli, & ſubditi in feudo præfati Chriſtianiſſimi
Regis tanquàm Dalphini Vienn. & ſuorum ſucceſſorum Dalphinorum Viennenſium, & ipſum Principatum Auraycenſem ab eo perpetuis temporibus
tenebunt tanquàm ab eorum Principe & Domino,
ac ipſi Chriſtianiſſ. Regi, & tanquàm Dalphino
Viennenſi, dictam fidem, juramentum, fidelita-
tem, homagium & recognitionem facient & præ-
ſtabunt, in qualibet Domini pariter & vaſſalli per-
mutatione, & à prædicto Chriſtianiſſimo Rege &
ſuis ſucceſſoribus Dalph. Vienn. inveſtituram reci-
pient. Eruntque cœteri homines & vaſſalli dicti
Principatûs Auraycenſis, ad cauſam terrarum quas
nunc tenent & in futurum tenebunt à dicto Principatu, homines & vaſſalli dicti Chriſtianiſſ. Regis
Dalph. Vienn. & ſuorum ſucceſſorum Dalphinorum
Vienn. in retrofeudo ſub dicto Principe Auraycenſi, prout in materiâ feudorum & retrofeudo-
rum eſt fieri conſuetum. Et ad hoc præfatus Dom.
Guillelmus de Cabilone Princeps Auraycæ, ſpontè,
ſcienter & expreſſè ſubmittit, afficit, ypothecat &
obligat perpetuò ſe & ſuos hæredes & ſucceſſores
& cauſam ab eo habentes & habituros in dicto
Principatu Auraycenſi, & pariformiter omnes villas, plateas, terras, homines, vaſſallos, & ſubdi-
tos Principatûs antedicti, abſque derogatione tamen
juriſdictionis ordinariæ, quam dictus Dom. Princeps
Auraycenſis habet in Principatu ſupradicto, in quo
nihil Chriſtianiſſ. Regi cedere nec tranſportare inten-
dit præter dictum feudum, fidem, homagium, ſuperioritatem & ultimum reſſortum per appellationem...
ità tamen quòd homines vaſſalli, manentes &
habitantes & ſubditi dicti Principatûs Auraycenſis
poterunt, & eis licebit, ſi ſe oppreſſos & gravatos ſenſerint & appellare voluerint, in prima inſ-
tantia à Vigueriis & judicibus ordinariis dicti
Dom. Principis, primò & immediatè ad judicem
ſuum appellationum, & ab ipſo appellationum judice deinceps abſque medio in ſecundâ inſtantiâ

ad Gubernatorem dicti Principatûs Auraycensis, seu dicti Dom. Principis Locumtenentem pro tempore, aut ipsiùs Dom. Principis personam, ad quem ipsorum voluerint. Qui Gubernator, Locumtenens, aut dicti Dom. Principis persona unam tantum instantiam in secunda appellatione facient, nec post secundam appellationem ab uno ipsorum factam, licebit ad alterum eorumdem appellare, autoritate tamen ultimi ressortûs, superioritatis, jurisdictionis ac appellationum apud prætactum Christianiss. Regem & suos successores Dalphinos Viennenses, dictùmque Dalph. Parlamentum semper & in omni casu remanente ad quem appellare, provocare & recurrere poterunt, modo & formâ superiùs declaratis abique eo quòd dictus Dom. Princeps, nec sui hæredes, successores in dicto Principatu Auraycensi, alios judices, aut alios judicum, seu Officialium gradus, aut qualitates, de novo constituere, instituere vel ordinate, quovis quæsito colore possint & valeant præterquàm superiùs est expressum. Hanc autèm constitutionem, venditionem, cessionem & transportum fecit prælibatus Dominus Guill. de Cabilone pro se & suis hæredibus, & successoribus, causamque ab eo habentibus, & habituris prætacto Christianiss. Regi, tamquam Dalph. Vienn. pro se & suis hæredibus Dalphinis Viennens. pretio & nomine pretij quadraginta mille scutorum auri cugni dicti Christianissimi Francorum Regis, ad præsens in Regno Franciæ cusum habentium. Quam quidem summam dictus Dom. Guill. de Cabilone palàm & publicè ac in veritate recognovit, & confessus fuit se habuisse & recepisse, & quòd præfatus Christianiss. Rex dicto Dom. Guill. de Cabilone de prædictâ summâ quadraginta mille scutorum auri benè, & legaliter satisfecit. Et de summâ ipsâ se tenuit & tenet pro bono contento pariter & soluto, & dictum Christ. Regem Dalph. Vienn. & suos hæredes & success. de dictâ summâ, quadraginta mille scutorum auri perpetuò penitùs quittavit ac quittat, cum pacto... de nunquam ulterius aliquid petendo. Et ulterius præfatus Dom. Guill. de Cabilone Princeps auraycæ specialiter & expressè voluit, &c. Quòd si aliquis hæredum suorum nunc, aut posteris temporibus moliretur seu tentaret directè vel indirectè dicere, facere vel venire contra formam, & tenorem contentorum in hoc præsenti publico instrumento, aut contrà aliqua ex contentis in eo, quòd ipse hæres aut contraveniens, ipsius Dom. Principis hæreditate, aut successione sit ipso facto privatus & ex nunc ipsum eo casu privavit, & privat tamquàm indignum, ingratum & contravenientem contrà voluntatem suam & ordinationem. Et in casu supradicto, Præfatus Dominus Guill. de Cabilone Princeps Auraycæ dedit, donavit datque donatione purâ, merâ, simplici & irrevocabili, quæ fit & fieri dicitur inter vivos, dicto Christianiss. Regi. Dalphino Vienn. & suis hæredibus illam partem & portionem hæreditatis & successionis, quæ hæredi sic contravenienti in hæreditate ipsius Dom. Principis Auraycensis spectare & pertinere posset, ... Promisitque similiter dictus Dom. Guillelmus de Cabilone per omnes homines, vassallos & subditos dicti Principatus Auraycensis facere fieri & præstari juramentum solempne de non obediendo suo hæredi, aut successori suive hæredibus & successoribus in dicto Principatu Auraycensi quâcumque ocasione sivè causâ, & pariter omnibus capitaneis & custodibus villarum, castrorum, platearum arcium & fortalitiorum dicti Principatûs de non faciendo illis aliquam obedientiam nec apperturam arcium, villarum, castrorum, platearum & fortaliciorum, & de non tradendo ipsis hæredibus aliquas ex eis, quin imò villas, castra, plateas, arces & fortalitia tamdiù tenere sub manu dicti Christianiss. Francorum Regis Dalph. Vienn. & suorum successorum Dalphinorum Vienn. donèc ipsi Principes Auraycens. pro tempore existentes, primitùs & ante omnia fecerint homagium ligium, fidelitatis juramentum, recognitionem, &c. Acta & recitata fuerunt hæc apud insignem urbem Rothomagensem, in domo honorabilis viri Anthonii Fave civis & Burgensis dictæ urbis, sitâ in Parrochiâ Sancti Martini juxtà Pontem Rothomagens. præsentibus ibidèm & audientibus Reverendiss. in Christo & Domino Carolo de Bourbon Dei & Sanctæ Sedis Apostolicæ gratiâ Archiep. & Comite Lugdunensi, ipsiusque Sanctæ Sedis Apostolicæ Avenionens. Legato, Nobili spectabilique Dom. Petro Doriole Milite, Dom. de Loyre in Aluysio, Cancellario Franciæ, Reverendis in Christo Patribus & Dom. Johanne Mimatensi & Johanne Ebroicensi divinâ miseratione Episcopis, Nobili & prudenti viro Dom. Johanne de la Drieiche ipsiùs Chtistianissimi Regis Consiliario, & suæ Cameræ Computorum Præsidenti Thesaurarioque Franciæ, egregiis & prudentibus viris Dom. & Magistris Petro Poignant Dom. de Moussy, Guill. Dannet Magistri Requestarum Hospitii Dom. nostri Regis, Dom. Johanne de Viridario utriusque Juris Doctore, Dom. Johanne de Alian, Magistro Johanne de la Vignolle Decano Andegavens. & ejusdem Dom. nostri Regis Consiliar. Nobilibus viris Johanne d'Arses Dom. de Lissieu in Lugduno, Magistro Domûs ipsiûs Dom. Principis, Ioanne de Vancelles Marescallo Hospitii Excellentissimæ Dominæ Principissæ Reginæ Franciæ, Philipone Patonflau Dom. de Charnan Armigerio & Auberto de Tournes Clerico, testibus ad præmissa vocatis specialiter & rogatis; & ego Ioannes Esterlin Presbyter Rothomagensis Diocesis Notarius, & Guillel. Lambert Presbyter Rothomagensis Notarius, &c.

BB

HOMAGIUM DOMINI GUILLELMI
de Cabilone de Principatu Auraycæ Domino Ludovico Regi Dalphino.

IN nomine Domini, amen. Noverint universi, &c. Quod anno ejusdem M. CCCCLXXV. ind. VIII. mensis verò Junii die X. Pontificatus Sanctiss. in Christo Patris & Dom. nostri Dom. Sixti summâ Dei clementiâ Papæ IV. anno quarto. Coram Sereniss. & Christianiss. Principe ac Dom. Dom. Ludovico Dei gratiâ Francorum Rege & Dalphino Viennensi : In plurium R. P. & Procerum, Magnatum & Nobilium, nostrorumque Notariorum publicorum & testium infrascriptorum præsentiâ, per-

sonaliter

ſonaliter conſtitutus Nobilis & potens Dom. Guillelmus de Cabillione Princeps Auraycæ & Dom. de
Arlaco. Idem Dom. Princeps capite diſcoperto, al-
tero genu flexo, junctis manibus inter manus regias,
ipſiſque manibus junctis per dictum Chriſtianiſſimum
Principem hilariter receptis, volens, ut dicebat
idem Dom. Princeps Auraycæ, eidem Chriſtianiſ.
Principi homagium ligium & debitæ fidelitatis ac
obedientiæ, pro dicto Principatu Auraycæ, fidele
facere & præſtare juramentum, lectâque per Gene-
roſum virum Dom. Philippum de Commines Mi-
litem, Dom. d'Argenton & de Ruſent, Cambel-
lanum Chriſtianiſ. Principis quâdam cedulâ tenoris ſequentis: *Vous devenez homme lige & ſubjet du Roy noſtre Sire cy-preſent, comme Dauphin
de Viennois, luy faites hommage lige, & ſerrement de ſeulté, à cauſe de voſtre Seigneurie &
Principaulté d'Orange, laquelle vous confeſſez &
advouez tenir pour vous, vos Succeſſeurs, & qui
de vous auront cauſe, & cognoiſſez eſtre ſubjette
& tenuë perpetuellement de lui comme Daulphin,
& de ſes ſucceſſeurs Daulphins de Viennois; auſſi
eſtre ſujette en Juriſdiction & dernier Reſſort du
Roy & de ſon Parlement de Daulphiné. Promettez
& jurez par la foy & ſerrement de voſtre corps,
ſur voſtre honneur, d'eſtre perpetuellement ſon bon,
vray, loyal homme & vaſſal, le ſervir bien &
loyaument envers & contre ceux qui peuvent vivre
& mourir, ſans quelconque perſonne excepter; de
garder & pourchaſſer de tout voſtre pouvoir ſon
bien, ſon honneur, le bien, ſeureté, proufit &
utilité de ſa perſonne, ſon Royaume & Seigneurie;
& là où pourriez ſçavoir, ou ſçauriez, que on
pourchaſſeroit ſon mal & ſon dommage le luy re-
velerez, & de tout voſtre pouvoir l'empeſcherez;
& pour garder & pourchaſſer ſon bien, honneur,
proufit & utilité de ſa perſonne & Seigneurie, &
auſſi pour eſchiver ſon mal & ſon dommage, em-
ployerez le corps, les biens & la vie, comme bon
& loyal vaſſal & ſubjet doit faire pour ſon Roy*

& ſouverain Seigneur. Præfatus Princeps Auraycæ
(quâ Cedula prænotatâ) ſolemniter fecit hom-
magium ligium & juramentum fidelitatis ipſi Chriſtianiſſimo Regi tanquam Dalphino Vienn. ratione
prædicti Principatus Auraycæ, ſeque fecit & conſtituit pro ſe & ſuis hæredibus & ab eo cauſam
habentibus, hominem ligium ipſius Chriſtianiſ. Principis & ſuorum ſucceſſorum Dolph. Vienn. modo &
formâ in eadem cedula declaratis & expreſſis; ad
quæ præmiſſa, idem Chriſtianiſ. Princeps dictum
Principem Auraycæ benigné ad oſculum pacis re-
cœpit & admiſit, de quibus præmiſſis omnibus.....
Acta fuerunt & recitata hæc in domo habitationis ſpectabilis viri Magiſtri Guillelmi Picart Generalis Franciæ, ſita in Parrochia Sancti Candidi
Junioris Rotomagenſ....Præſentibus Reverendiſ. in
Chriſto Patre & Dom. Dom. Carolo de Bourbon
Dei & Sanctæ Sedis Apoſtolicæ gratiâ Archiepiſ-
copo & Comite Lugdunenſi, ipſius Sanctæ Sedis
Apoſtolicæ Avenionenſi Legato, Nobili ſpectabili-
que Dom. Petro Doriole Milite, Dom. de Loire in
Alviſio, Cancellario Franciæ, necnon R. etiam in
Chriſto Patre & Dom. Dom. Ludovico miſeratione
divinâ Patriarchâ Jeroſolimitano, Epiſcopo Bajo-
cenſi, RR. PP. & Dom. Joanne Abricenſi,
& Johanne Ebroicenſi.... Epiſcopis; Nobilibus &
generoſis viris & Dom. Johanne de Fuxo Vice-
comite Narbonenſi, Dom. Andreâ de la Val, Dom.
de Loliart, & Joachimo Roüault Dom. de Gama-
ches Militibus, Franciæ Mareſcallis; Magnifico &
Nobili Dom. Dom. Johanne de Daillon Milite,
Dom. du Lude, Gubernatore Delphinatûs, Nobili
& Prudenti viro Dom. Johanne de la Drieſche ipſius Chriſtianiſſimi Regis Conſiliario, & ſuæ Cameræ Computorum Præſide Theſaurarioque Franciæ, egregiis & prudentibus viris Dom. & Ma-
giſtris Petro Poignant Dom. de Mouſſi, Magiſtro
Requeſtarum Hoſpitii dicti Dom. Regis, ac Dom.
Joanne de Viridario, utriuſque Juris Doctore, Dom.
de Alian, &c.

CC

LETTRES DE LOUIS XI. AU PARLEMENT 1475.
*& la Chambre des Comptes de Dauphiné, pour leur
donner avis de l'hommage rendu par Guillaume de Châlon
de la Principauté d'Orange.*

LOUIS par la Grace de Dieu Roi de France,
Dauphin de Viennois. ..... A nos amez
& feaux Conſeillers les Gouverneur, Gens de
noſtre Cour de Parlement & de la Chambre de
nos Comptes.... Sçavoir vous faiſons, que
noſtre trés-cher & feal Couſin Guillaume de Châlon Chevalier, Prince d'Orange, Nous ayant ce
jourd'hui fait les foy & hommage lige, que tenu
nous eſtoit de faire, pour raiſon & à cauſe dudit
hommage à Nous non fait cy-devant, vous ne
faites ou donnez, ne ſouffrez eſtre fait, par autre
à noſtredit Couſin, ne en ſa Principauté d'Orange, appartenances, & appendances d'icelle, aucun ennuy, deſtourbier, ou empeſchement; &
ſe fait, mis ou donné luy eſtoit, mettez les, ou
faites mettre incontinant & ſans deſlay à plaine
deſlivrance, & premier eſtat; pouvez toutes
voyes que dedans temps deu & accoutumé &
en enſuivant la coutume dudit Pays, il en ſera
tenu de bailler ſon denombrement & adveu, &
qu'il faira & payera les autres droits & devoirs
pour ce deus & accoutumez, ſe fait & payez ne
les a. Donné à Rouen le X. jour de Juin l'an
de grace M. CCCC LXXV. & de noſtre regne
le quatorziéme.

*Ibid.
Regiſtre coté
Principatus
Auraica.*

E

DD

1475. *LETTRES DE LA CHAMBRE DES COMPTES de Paris au Parlement & à la Chambre des Comptes de Dauphiné, en leur envoyant les Titres de la Principauté d'Orange.*

A Nos trés-chers freres les Gens du Parlement & des Comptes du Daulphiné.

Trés-chers freres, nous nous recommandons à vous. Monſieur le Chancelier nous a par l'ordonnance du Roy baillé ſix Lettres en parchemin, dont la Declaration en brief s'enſuit.

Premierement une Lettre-Patente en parchemin ſignée de la main de Meſſire Guillaume de Châlon Prince d'Orange, Seigneur d'Arlay, & ſcellée de ſon ſeel le ſixiéme jour de Juing dernier paſsé, par laquelle il confeſſe devoir au Roy noſtre Seigneur la ſomme de quarante mille écus d'or, à cauſe de ſa rençon, & des deſpens & droits d'icelle, au doz de laquelle eſt la certification du dixiéme jour du mois du Juing, comment il a payé au Roy noſtredit Seigneur, leſdits quarante mille écus, en la vendition & tranſport de l'hommage & dernier reſſort en Souveraineté, ſur la Principauté d'Orenge & toutes les appartenances, Vaſſaulx & Subgets d'icelle.

Item. Une quittance receuë & ſignée par Notaires Apoſtoliques & Imperiaulx ledit dixiéme jour de Juing, par laquelle le Roy noſtre Sire confeſſe eſtre payé deſd. quarante mille écus.

Item. Un Inſtrument ſemblablement receu & ſigné par Notaires Apoſtoliques, contenant la conſtitution, vendition, ceſſion & tranſport, que ledit Prince d'Orenge a fait au Roy comme Daulphin de Viennois, du droit de fief, hommage lige, juriſdiction en ſouveraineté & dernier reſſort au Parlement de Daulphiné, ſur la Seigneurie & Principauté d'Orenge, & ſur toutes les villes, places, terres, hommes, vaſſaulx, & ſubgets, appartenances & dependances d'icelle.

Item. Un autre Inſtrument, pareillement receu & ſigné par Notaires Apoſtoliques, de la forme dudit hommage fait au Roy Daulphin par ledit Prince d'Orenge.

Item. Une autre Lettre en forme commune, ſcellée en cire rouge du ſeel du Roy Daulphin, de la reception dudit hommage par le Roy.

Et une autre Lettre-Patente, ſcellée du ſeel du Roy Daulphin en las de ſoye, en cire verde, contenant pluſieurs graces, conceſſions, octroiz & privileges pour ledit Prince d'Orenge & ſaditte Principauté & leſdits vaſſaulx & ſubgets d'icelle. Et nous à chargé Mondit Sieur le Chancelier en faire faire tranſcrips, pour mettre ou Treſor des chartres par-deça, & vous envoyer les originaux, pour eſtre enregiſtrez & gardez en la Chambre des Comptes par-delà. Si vous les envoyons preſentement à ceſte fin, par Eſtienne Cordelle Sergent fieffé ou Chaſtelet de Paris pourtour de ceſtes, auquel en veuilliez bailler Lettres de recepiſſé, pour ſa décharge envers nous & de nous envers le Roy. Et à Dieu ſoïez tréschers freres, qui vous ait en ſa Sainte garde. Ecrit à Paris le ſeptiéme jour de Juillet, l'an de grace mille quatre cens ſoixante-quinze.

EE

1475. *LETTRES DE LOUIS XI. PORTANT permiſſion à Guillaume de Châlon de prendre la qualité de Prince d'Orange par la grace de Dieu, & de faire battre monnoye au coing de ſes Armes.*

LOUIS par la grace de Dieu Roy de France Dauphin de Viennois.... Sçavoir faiſons comme puis n'a guerres, noſtre trés-cher & amé Couſin Guillaume de Chalon Chevalier, Prince d'Orange Seigneur d'Arlay, pour fournir à ſes affaires, & urgentes neceſſitez, & pour autres cauſes, & conſiderations à ce le mouvant, nous ait pour luy, ſes hoirs, ſucceſſeurs & pour tous ceux qui de luy perpetuellement auront cauſe, conſtitué, vendu, ceddé, & tranſporté à tousjours, pour nous comme Dalphin de Viennois, pour nos hoirs & ſucceſſeurs Dauphins & pour tous ceux qui de nous auront cauſe, moyenant certain prix, & ſomme convenué & accordée entre nous & noſtre Couſin, plus à plain declarée ez lettres de vendition & tranſport ſur ce faîtes, &c. Pourquoy nous, pour conſideration de la proximité de lignaige, dont noſtredit Couſin le Prince d'Orange nous atteint, & auſſi que à cauſe dudit tranſport, il eſt à preſent noſtre homme vaſſal & ſubjet..... Avons octroyé à noſtredit Couſin Prince d'Orange, que luy & ſes ſucceſſeurs en laditte Principauté puiſſent de grace eſpecial uſer en leur intitulation de ces mots : PAR LA GRACE DE DIEU PRINCE D'ORANGE ; Auſſi faire forger monnoye à leur coing, & à leurs armes, laquelle ſera toutefois de la loy & prix de la monnoye, & du coing de nous & de nos ſucceſſeurs, qui courra par le temps avenir audit pays du Daulphiné ; Pareillement donner graces & remissions a leurs subjets de ladite Principauté, si non en cas de heresie, de crime de leze Majesté fait contre nous, & la chose publique; user de ses droits & prerogatives, comme il a accoutumé, tousjours le droit de nostre souveraineté, lesdits fiefs, hommage lige, obeissance, jurisdiction & dernier ressort demeurant à nous selon la forme dudit transport à nous fait, & sans en rien y deroger ny prejudicier par cette presente concession. Avons aussi promis & juré, en bonne foy & parole de Roy par ces presentes, pour nous, nos successeurs Dauphins de Viennois, & tous ceux qui de nous auront cause, de maintenir, entretenir, & garder perpetuellement ladite Principauté d'Orange & tous les hommes, vassaux, subjets, manans, & habitans d'icelle, en tous leurs droits, privileges, franchises, libertez, coutumes, usages sans rien y changer ny muer, ne souffrir quelque chose estre faite, changee, ne muée au contraire; & de les garder, deffendre comme nos bons, vrays, loyaulx, vassaulx & subjets, sauf toutes voyes, comme dessus, à nous & à nos successeurs Dauphins de Viennois lesdits fief, hommage lige, serement de fidelité, dernier ressort & jurisdiction en souveraineté, que nostre-

dit Cousin a, comme dit est, vendus, cedauz, transportez selon le contenu desdittes lettres de vendition ; Et avec ce avons dit & declaré, promis, juré, que ladite Principauté d'Orange, les manans & habitans d'icelle ne seront jamais comprins ne contribuables en aucunes tailles, impots, aides, subsides, dons, subventions, ne autres charges quelconques, qui a present se mettent & levent, on qui par le temps avenir se mettroient & leveroient par nous ou nos successeurs en nostredit pays du Dauphiné, en nostre Royaume ne ailleurs en nos pays & seigneuries, pour quelle cause ou occasion que ce soit, &c. Donons en Mandement par les presentes a nos amez & feaulx les Conseillers & Gouverneur de nostre Dauphiné, son Lieutenant, & gens de nostre Parlement, & de nos Comptes à Grenoble, & a tous nos autres Justiciers ou leurs Lieutenant present & avenir, & à chascun de culx, si comme à luy appartient, que nos presens octroiz, promesses & declaration facent, souffrent, & laissent nostredit Cousin le Prince d'Orange jouyr, & user plainement. …. Donné à Rouen au mois de Juin, l'an de grace M. CCCC LXXV. & de nostre Regne le quatorze.

<h1 style="text-align:center">FF</h1>

LETTRES DE LOUIS XI. AU PARLEMENT 1475.
& à la Chambre des Comptes de Dauphiné, pour leur donner avis de l'Hommage rendu par Jean de Châlon fils & heritier de Guillaume de Châlon.

LOUIS par la grace de Dieu Roy de France, Dauphin de Viennois &c. A nos amez & feaulx Conseillers le Gouverneur ou son Lieutenant, Gens de nostre Cour de Parlement, & de nos Comptes de nostre dit Pays de Dauphiné, Salut & dilection. Sçavoir vous faisons, que nostre tres-cher & ame Cousin Jean de Châlon Prince d'Orange, nous a aujourdhui fait en nostre personne les foy & hommage lige, que tenu nous estoit faire à cause de la Principauté d'Orenge, appartenances & appendances d'icelle, à luy naguetes advenue & eschue par le trepas de feu nostre tres chier & amé Cousin Guillaume de Châlon en son vivant Prince d'Orange son pere dernier decede & possesseur de ladite Principauté, en la forme & maniere, que la nous fit sondit feu pere, tenus & mouvans de nous à cause de nostredit Pays du Daulphiné; aux quels foy & hommage nous l'avons receu, sauf nostre droit & l'autruy. Si vous mandons & commandons, à chacun de vous, si comme à lui appartiendra, que pour raison & cause desdits foy & hommage à

nous faiz, vous ne faites, mettez ou donnez, ne souffrez estre fait, mis ou donné à nostre dit Cousin aucun destourbier ou empeschement en ladite Principauté d'Orenge, ne ez appartenances & appendances d'icelle ; mais se iceux Principauté appartenances, ou appendances, fruits & revenus sont ou estoient à la cause desdudite prinses, saisies, arrestees & mises en nostre main ou autrement empeschées, metez-les lui ou faites mettre tantost & sans deslay à pleine deslivrance, pourveu toutefois, que nostre dit Cousin sera tenu bailler par escript en nostre ditte Chambre des Comptes son adveu & denombrement desdittes choses dedans temps deu, & faira & payera les autres droits, & devoits, si aucuns en sont precedez, ce fait & payez ne lui a, Donné à Saint Florent lés Saumur le VII. jour de Decembre, l'an de grace M CCCC LXXV. & de nostre regne le quinzième, Ainsi signées par le Roy, l'Evesque de Poitiers, les Sires de Cominges, du Lude, & plusieurs autres presens.

Ibid.
2. cop. Valent.
& Dienf.

<h1 style="text-align:center">GG</h1>

LETTRE DE LOUIS XI. AU PREMIER 1477.
President du Parlement, au sujet de la reunion de la Principauté d'Orange à son Pays de Dauphiné.

MONSIEUR le President, j'ay toujours cognu par cy-devant le bon vouloir que vous avez eu à croistre ma Seigneurie du Dauphiné, & est besoin que à ceste heure vous monstriez par effet mieux

que jamais, l'affection que y avez ; & pour ce je vous prie sur tout le service & plaisir, que jamais me desirez faire, que vous vous employez à faire faire la declaration de la Confiscation de la Prin-

Ibid.
Tiré de la mainmise qui fut faite en 1477.
Caisse d'O-
range.

cipauté d'Orange & de toutes les Terres & Seigneuries que le Prince d'Orange tient au Dauphiné, qu'il a confisquées envers moy, ainsi que j'écris bien à plein à la Cour, & laquelle Principauté j'entens unir audit Pays. Et si vous cognoissez qu'il y ayt aucun de ceux de la Cour ou autres, qui supportent ou favorisent ledit Prince d'Orange, adveitissez-m'en ; affin de y donner les Provisions telles qu'il appartiendra, & vous y employez en telle maniere, que je cognoisse que les biens que vous avez de moy, ne soient point perdus en vous. Escript au Chastel de Hesdin le xiii. d'Avril, LOUIS, Le Petit.

A nostre amé & feal Conseiller & Premier President en nostre Cour de Parlement &c. Pierre Gruel.

HH

ORDONNANCE DES COMMISSAIRES
du Parlement publiée dans la ville d'Orange pour la réünion de la Principauté au Pays de Dauphiné.

Ibid.
Tiré de la même main-mise.

ON vous fait sçavoir de par nostre Sire le Roy Dauphin, aussi de par Messieurs les Gouverneur, Presidents & autres Seigneurs du Souverain Parlement du Dauphiné, que la Cité & Principauté d'Orange sont reduits à la main de nostre Sire le Roy Dauphin avec tous ses membres & dependances. Et pour ce, on inhibe, & deffent à toutes personnes, que ne soit si hardie ne presume doresenavant obeïr à autres Officiers, forsque tant seulement aux Officiers constituez & ordonnez, & que sont & seront constituez de par nostre sire le Roy Daulphin, sur poine de Confiscation de Corps & de bien.

Item, que nulle personne n'ause ne presume soy mesler ne empescher doresenavant de la Justice, ne droits, rantes, prouffits, & emolumens à presant reduits & appartenans à nostre dit Sire le Roy Dauphin, sans expiés congié & licence desdits Officiers, de nostre dit Sire le Roy Dauphin : & que nulle personne n'ause ou presume exhiger ne recepvoir rantes, peages, enquestes, services, arrerages, ne autres debtes, que par cy-devant souloient appartenir à Monsieur le Prince d'Orange, aussi que ceux qui les doivent, & devront ne les payent à autres, fors que à celuy qui ha & aura puissance de par nostre dit Sire le Roy Dauphin, sur ladite poine.

Item, que toute personne, qui ha ou sçet avoir bien, ou escriptures quelconques de mondit sieur le Prince les aye rendre, restituer & reveler aux Officiers de nostre dit Sire le Roy Dauphin, sur poine de confiscation de Corps & de biens desfusditte.

Contreroulle de la Cour temporelle d'Orange, Contenant les emolumens appartenans au Roy Dauphin nostre Souverain Seigneur, tenant à sa main Royale Delphinale la Cité & Principauté d'Orange, encommancé le V. jour du mois de May l'an M. CCCCLXXV. puis à la Incarnation & finissant le dernier jour de Fevrier l'an en après suivant prouchainement. Fait par nous Jean Cayrelli & Louis Bellend Notaires publiques Graffiers de ladite Cour ; d'Orange estant Regent de ladite Cité & Principauté d'Orange Noble Antoine d'Ansesune Conseigneur de Caderousse, grand Escuyer de la Reine ; Viguier Noble Gabriel Esperandieu ; Juge Me. Antoine Bessaud, Licentié ez Loyx ; Procureur fiscal Me. Antoine Gontardi ; Clavaire & Receveur Yvonet Herbert ; Souviguier Bertrand Guers, illec Commis & Deputez par-trés Excellens Seigneurs Mess. du Parlement de Crenoble, sous la main Royale Dalphinale.

II.

ARREST DU PARLEMENT ET DE LA
Chambre des Comptes, portant confiscation de la Principauté d'Orange & autres Terres de Jean de Châlon mouvantes du Fief Delphinal.

Ibid.
Registre *Princip. Auraye.*

JOannes de Daillon Miles, Dom. du Lude, Consiliarius & Cambellanus Regius, Gubernator Delphinatûs, universis harum serie notum fieri volumus : quòd die subscriptâ assignatâ partibus infrà nominatis, ad comparendum in & coràm insigni Curiâ Parlamenti Dalphinalis, sententiamque diffinitivam proferendam, audiendam in, & super quàdam causâ motâ & aliquandiù agitatâ in, & & coràm eàdem Parlamenti Curiâ, inter Nobilem & egregium virum Dom. Stephanum de Bello-Ponte Procuratorem Fiscalem Generalem Dalph. pro jure & interesse Dalphinali supplicantem, argentem ex uâ parte, & illustrem Dom. Joannem de Cabillione Principem Auraycæ supplicatum & delatum ex alterâ, &c....... Et dicta Curia Parlamenti Dalphinalis diei præsentis assignationem insequendo, visis imprimis, &c. ad suam diffinitivam sententiam & Arrestum processit in hunc qui sequitur modum : Dei nomine invocato, & venerabili signo Sanctæ Crucis præmisso, dicendo : in nomine Patris, &c. Quia tenore præsentis Processûs constat & apparet Dom. Johannem de Cabillione supplicatum, fecisse homagium & fidelitatis sacramentum Domino nostro Regi & Dalphino de Principatu Auraycæ & pertinentiis ejusdem, & ad causam loci & Castellaniæ Albæ-ripæ, Sancti

Albani

Albani & ejus territorii, Terræ & Castellaniæ Auri-Petræ de Trischviis, Terræ & Seigneriæ Condorcetii, Novelon, Montis-Brisonis, Afecdunæ, & aliarum terrarum in Patriá Dalphinali existentium; & promisisse & juraste observare & adimplere contenta in capitulis de veteri & nova fidelitatis formá; prout etiam & sui prædecessores fecerunt, à quibus habuit in præmissis causam; constetque inde præfatum Joannem de Cabillione infidelitatem & felloniam contra præfatum Dom. nostrum Regem & Dalphinum ejus supremum Dom. commisisse, guerram contrà eundem & armatam suam de novo suscitando in partibus Burgundiæ, nitendo & satagendo cum multis aliis ibi congregatis & coadunatis ad hoc, ipsam Patriam Burgundiæ usurpare & auferre; eidemque Dom. nostro non servivit, neque servit, sed eidem adversatur toto posse, & tamquàm etiam ejus inimicus guerram contrà eundem & ejus Armigeros, ac contrà ejus voluntatem faciendo palàm & publicè, ac notorié, fuitque & est rebellis eidem, ac rebellionem commovit, & concitavit totam patriam suam Burgundiæ contrà eundem, & obedientiam suam, &c.

Hiis propterea attentis, & aliis ex processu resultantibus, dictum Principatum cum juribus & pertinentiis suis, necnon cætera prædictionis bona, ut præmittitur, feudalia & alia quæcumque bona Fisco Dalphinali confiscamus, & dictum Principatum cum juribus & pertinentiis suis, nunquam voluntatem & ordinationem Regiam, perpetuo patrimonio Dalphinali applicamus & utrius inseparabiliter, in contumaciam dicti Johannis de Cabillione non comparentis, in suaque rebellione & infidelitate permanentis; perpetuum silentium ipsi de Cabillione & suis, quo ad præmissa, & eorum quærelantibus imponendo. In cujus rei testimonium sigillum Regiminis Dalphinatús præsentibus duximus apponendum. Datum Gratianopoli die xx. mensis Septembris An. Dom. M.CCCC.LXXVII. Per Dom. Gubernatorem ad relationem Curiæ, quâ erant Dom. P. Gruelli Præsidens, Subtricous de Ecclesiá, Jo. de Ventis utriusque Juris, Jo. Roberteti Decretorum, Jo. de Sancto Germano Advocatus fiscalis, Legum Doctores; F. de Gennesio Præsidens, P. Osoberti, .. B. Meurni Auditores Computorum, & Thesaurarius Dalph. Pradelli.

KK

LETTRES DE DON DE LA PRINCIPAUTE' 1477. d'Orange accordées par le Roy Louis XI. à Philippe de Hochbert Mareschal de Bourgogne, avec Mandement au Parlement & à la Chambre des Comptes pour l'execution desdittes Lettres.

LOUIS par la grace de Dieu Roy de France, Dauphin de Viennois, &c. Sçavoir faisons à tous presens & advenir, que comme puis n'guieres, Jean de Châlon Prince d'Orange se soit élevé à l'encontre de nous, deslibéré de faire & porter guerre, & tous autres maulx & dommages à luy possibles à nous, & à nos bons & loyaulx subjets de nos Pays, Duchez & Comtez de Bourgogne n'agueres à nous advenué par le trepas de feu nostre Cousin Charles, en son vivant Duc de Bourgogne. Et pour mieulx parvenir a sa dampnable entreprise a écrit plusieurs lettres au habitans d'aucunes bonnes Villes, Forteresses de nostredit Pays Duché & Comté, en les induisant & exhortant de delaisser, & eulx delister, departir de nos services & obeïssance, où ils s'estoient liberalement, & de grand vouloir reduits & remis tantost aprés ledit trepas. Et par tous autres moyens à luy possibles, luy & ses adherans & complices s'efforcent de jour en jour mettre & tenir tous nostres Pays Duché & Comté en rebellion & desobeïssance à l'encontre de nous, en commettant par ledit Jean de Châlon crime de leze Majesté, rebellion & desobeïssance envers nous, & soy rendant ingrat & mecconoissant des biens & honneurs que luy avons cy-devant faits, & par ce, forfaisant & confiscant corps & biens envers nous, & autrement grandement excedant & delinquant en diverses manieres, ainsi que avons été informez. Pour lesquelles causes ledit de Châlon ait esté puis n'agueres, par Sentance & Arrest de nos amez & feaulx Conseillers les gens de nostre Parlement à Grenoble, privé de tous honneurs, prerogatives & preheminences, & ses corps & biens quelconques declarez à nous forfaits & confisquez, desquels biens nous loyie à celle cause ordonner & disposer à nos plaisirs & volunté. Sçavoir faisons, que nous ayans consideration aux bons, grands, greables & recommandables services, que nostre cher & amé Cousin Philippes de Hochbert Seigneur de Bandeville, & Mareschal de Bourgogne nous a cy-devant faits, fait chacun jour en grand soin, cure & diligence en ledit Office de Mareschal de Bourgogne, ou fait de nos guerres & autrement en diverses manieres, & esperons que plus face ou temps avenir. Voulans envers luy reconnoistre les services & l'en remunerer aucunement, à iceluy pour ces causes, afin qu'il soit toujours plus enclin, ententif & astraint de continuer de bien en mieulx nostre service, & pour autres considerations à ce nous mouvant, avons outre les autres bienfaits qu'il a de nous, cedde, donné, quitte, transporté & delaissé, de nostre certaine science .... la Principauté d'Orange avec ses appartenances & appendances quelconques, ainsi qu'elles se comportent & estendent de toutes parts, tant en honneurs, prerogatives, preheminences, Justice & Jurisdiction Haute, Moyenne & Basse, Villes, Châteaux, Places, Terres, & Seigneuries, Hommes, Hommages, Fiefs, Arrierefs, Cens, Rentes, Revenus, Terres labourables & non labourables, Prez, Bois, Vignes, Estangs, Rivieres, Fours, Moulins, Garaines, Buissons Lots, Ventes, Quints & Requints, Deniers, Presentations de Benefices & Patronages d'Eglises, que en tous

Ibid. 3. lib. alienation.

F

autres Domaines, dignitez, prerogatives, droits & devoirs quelconques, sans aucune chose y reserver ne retenir pour nous, & les nostres, fors seulement les foy & hommage, ressort & souveraineté, en payant toutes voyes par nostredit Cousin & sesdits hoirs & successeurs, les droits & devoirs, si aucuns en sont deus, à ceulx & à qui il appartiendra. Si donnons en Mandement par ces presentes à nos amez & feaulx les Gouverneur ou son Lieutenant & lesdittes gens de nostre Parlement & de nos Comptes en nostredit Pays du Dauphiné , & à tous nos autres Justiciers & Officiers Delphinaux, ou à leurs Lieutenans presens & avenir & à chacun d'eulx sur ce premier requis, que à nostredit Cousin le Seigneur de Bandeville ils baillent ou facent bailler audit cas, la possession réelle, & actuelle de ladite Principauté d'Orange & de sesdittes appartenances & appendances & luy facent, souffrent & laissent, ensemble sesdits hoirs & successeurs, jouïr & user plainement & paisiblement , & rapportant lesdittes presentes figures de nostre main, ou *Vidimus* d'icelles & reconnoissance sur ce suffisant, pour une fois tant seulement, nous voulons celuy ou ceulx de nos Receveurs ordinaires qu'il appartiendra, en estre & demeurer quittes & deschargez par nosdittes gens des Comptes sans difficulté, nonobstant que ladite Principauté deust estre appliquée, jointe & annexée à nostre Domaine par nos Ordonnances. . . . Donné à Melun ou mois d'Octobre l'an de grace M. CCCC LXXVII. & de nostre Regne le XVII. LOUIS.

LL

1477.

EXTRAIT DU COMPTE D'YVONET
Herbert Receveur & Clavaire de la Principauté d'Orange.

Ibid.
Cartulaire des Comptes du Valentinois.

C'Est le Compte que rend pardevant vous, Nobles, Venerables & Circumspects Hommes, Messieurs les Auditeurs des Comptes du Pays du Dauphiné à Grenoble. . . . . . Yvonet Herbert Clavaire & Receveur, Commis & Deputé par Messieurs du Parlement du Dauphiné, de toutes les censes, rentes, revenus, prefits & emolumens de la Principauté d'Orange, gouvernée sous la main du Roy nostre sire Dauphin de Viennois, depuis le V. jour de May M. CCCC LXXVII. que ledit Principauté fut mis & reduit à la main Royale Dalphinale, jusqu'à ce dernier jour de Fevrier ensuyvant, que la possession d'icelluy Principauté fut delivrée, & expediée par l'Ordonnance du Roy, aux Commis de Monsieur de Bandeville Mareschal de Bourgogne, & aussi des missions & despenses par ledit Yvonet faites audit Principauté d'Orange, à l'occasion des dittes recettes, Aussi & par la forme & maniere que particulierement & par articles s'ensuit.

Et premierement , &c.

EXTRAIT DES COMPTES DES REVENUS
de l'Evêché d'Orange , d'Yvonet Herbert commis à la garde du Temporel dudit Evêché.

Ibid.

COmputus quem reddit Yvonetus Herbert habitator Montilii-Adhemari, Clavarius Aurayceni. commissus Dalphinali ex parte , ad custodiam & regimen temporalitatis Episcopatûs Aurayceni. . . . . . Coràm Nobilibus & egregiis Dominis Auditoribus Dalphinalium Computorum. . . . . pro uno anno incœpto in Festo Beati Johannis Baptistæ , anno Dom. M. CCCC. LXXVII.

Computus quem reddit Nobilis Yvonetus Herbert habitator Montilii-Adhemari. . . . . . . Coràm Nobilibus & egregiis Dominis Auditoribus Computorum Dalphinalium, pro uno anno incœpto in Festo B. Johan. Bapt. anno Dom. M.CCCC.LXXVIII.

Computus quem reddit Nobilis Yvonetus Herbert habitator Montilii-Adhemari. . . . Coràm Nobilibus & egregiis Dominis Auditoribus Dalphinalium Computorum, pro uno anno incœpto in Festo B. Joh. Baptistæ anno Dom. M. CCCC. LXXX.

MM

LETTRES DU ROY CHARLES VIII. 1483.
portant main-levée du Temporel de l'Evesché d'Orange, en faveur de Pierre Carre nouvellement pourvu.

CHarles par la grace de Dieu Roy de France, Dauphin de Viennois, &c. A nos amez & feaux le Gouverneur ou son Lieutenant & Gens de nostre Cour de Parlement seant à Grenoble, salut & dilection. Nostre amé & feal Conseiller Me. Pierre Carre Evesque de Orange, nous a fait exposer que ja pieça ledit Evesché d'Orange vaquint par le deceds du dernier & paisible possesseur d'icelluy, nostre Saint Pere le Pape transfra Laurens Louis Evesque de Grenoble audit Evesché d'Orange, & parceque ledit Evesque de Grenoble ne voulut accepter ladite translation, mais la refusa, fut icelle translation, ainsi fait que dit est dudit Evesque de Grenoble audit Evesché d'Orange, cassée & annullée, & pour pourvoir audit Evesché d'Orange fut de rechef translaté par nostredit Saint Pere le Pape Me. Estienne Goupillon Evesque de Sées dudit Evesché de Sées audit Evesché d'Orange, lequel Goupillon semblablement ne voulut accepter ladite translation, par quoy elle fut cassée & annullée; à cette cause demoura ledit Evesché d'Orange comme paravant. Parquoy & pour pourvoir audit Evesché d'Evesque & de Pasteur, nostre dit Saint Pere en a pourvu ledit Exposant, qui à present en est paisible possesseur & sans competiteur, lequel nous a fait le serment de fidelité, & à ce l'avons receu. Et pourceque après le trepas dudit dernier & paisible possesseur dudit Evesché, feu nostre tres-cher Seigneur & Pere, que Dieu absoille, fit saisir & mettre en sa main le temporel, Places fortes & autres revenus d'icelluy Evesché, & Gouvernemens d'iceux furent ordonnez certains Commissaires pour leur conservation au futur Evesque, & que ledit Evesché a esté long-temps en differeut & vacation par les moyens dessusdits, lesdits Commissaires ont toujours depuis regi & gouverné ledit temporel, & encore en lievent les fruits; & doubte nostredit Conseiller exposant qu'ils facent difficulté de s'en laisser jouir & de luy rendre compte & reliqua desdits fruits, pourceque la main de nostredit Seigneur & Pere apposée audit temporel n'a esté levée. Jaçoit ce que, comme dit est, il n'ait aucun competiteur audit Evesché, mais en soit paisible, ainsi que ces choses il nous a fait remontrer, requerant sur ce nostre provision. Pourquoy nous ces choses considerées, vous mandons, commandons & enjoignons, que s'il vous appert de la provision faite de nostre dit Saint Pere audit exposant, dudit Evesché d'Orange pour les causes & par la maniere devant dite, du serment de fidelité par luy à nous faict; vous audit cas le faites, souffrez & laissez jouir & user pleinement & paisiblement du temporel, fruits, profits & emolumens d'icelluy, en levant & ostant la main de nostredit Seigneur & Pere, & la nostre, se mise avoit esté audit temporel,&c. contraignez lesdits Commissaires.... à rendre compte & reliqua à nostredit Conseiller exposant, de leur recepte & administration depuis ladite main-mise... Donné à Amboise le v. jour d'Avril l'an de grace M. CCCC. LXXXIII. & de nostre Regne le premier.

Par le Roy Dauphin en son Conseil, auquel estoient Messieurs les Comtes de Brusle & Vandosme, les Evesques de Lavaur & Lombez, & autres presens. A Charbonnier.

Ibid.
Registre coté 2. lib. Cop. Valent & Diens.

NN

LETTRES DU ROY CHARLES VIII. 1483.
addressees au Parlement & à la Chambre des Comptes de Dauphine, portant main-levée de la Principauté d'Orange & autres Terres de Jean de Châlon.

CHARLES par la grace de Dieu Roy de France, &c. A nos amez & feaulx les Gouverneur, ou son Lieutenant, gens de nostre Parlement & de nos Comptes à Grenoble...... Salut & dilection. De la partie de nostre cher feal Jean de Châlon Chevalier, Prince d'Orange, nous a esté exposé, que sous umbre de divisions, qui par cy-devant ont eu cours, & de ce qu cy-devant icelles, il a tenu le parti du Duc d'Autriche nostre beau-pere, les terres & Seigneuries d'Auberive, Orpierre, Mortbrilon, la Principauté de Orange & autres terres, seigneuries, membres & heritages à luy appartenans, luy ont esté empeschées, & en avoit feu nostre tres-cher Seigneur & Pere, que Dieu absoille, fait don & transport par confiscation à plusieurs Personnes, qui les ont tenuës & possedées: & combien que par le Traité de la Paix, qui a esté dernierement fait entre nostredit Seigneur & Pere, ledit Duc d'Autriche, & ceulx de les pays & seigneuries, ait esté expressément dit, que chacun retourneroit à les biens, terres & seigneuries; ce neantmoins il doubte que nos Officiers, ceulx qui auroient don desdites terres, seigneuries & biens ou autres, fissent difficulté de s'en laisser jouir, ou en ce, luy voulsissent faire ou donner

Ibid.
2. cop. Valent. & Diens.

au un empechement, & pour ce nous a humblement supplie, & requis nos lettres & provisions
convenables luy estre sur ce octroyées. ... Pourquoy nous, les choses des susdittes considerées, qui
voulons & desirons entretenir ledit traité de Paix,
vous mandons & enjoignons, commettant où il
appartient, que vous faites, souffriez & laissez
nostredit Cousin suppliant jouïr & user de sesdittes
terres, seigneuries & choses dessus dittes declarées,
tout ainsi & en la maniere qu'il faisoit auparavant
lesdittes divisions encommencees.... Donné à
Amboise le XXIX. jour de Decembre l'an de
grace M. CCCC LXXXIII. & de nostre Regne le
premier.

Par le Roy en son Conseil, ouquel Monsieur le
Cardinal de Bourbon, les Comtes de Clermont,
de Dunois & Comminge, l'Evêque d'Albi &
plusieurs autres estoient.

OO

1499. *ACTE D'OPPOSITION AU NOM du Procureur General du Parlement, à l'execution des Lettres obtenuës par Jean de Chálon, pour etre tenu quitte de l'Hommage par lui deu de sa Principauté.*

Ibid.
Registre coté
3. cop. Valent.
& Dienf.

IN nomine Domini, amen. Noverint universi...,
quod Anno Incarnat. M. CCCC. LXXXXIX. &
die x. mensis Julii...., Joanne de Gabillione Dei
gratiâ Auraycæ Principe Dominòque de Arlaco
feliciter regnante, quod apud jam dictam Civitatem Auraycæ & in Apothecâ Domûs Notarii sub-
signati venit, & personaliter comparuit Nobilis vir
Guido de Planis Castellanus Buxi, Substitutus egregii Dom. Procuratoris fiscalis generalis Dalph. ex-
hibens & realiter præsentans Nobili viro Dardalheni
Viguerio dictæ Civitatis Auraycæ, ibidèm pedibus
stante, quamdam papiri cedulam tenoris sequentis :
petens ut in eâdem continetur, responsionem sibi fieri.
Coràm vobis Viguerio Auraycensi comparet Nobilis vir Guido de Planis...... dicens pervenisse ad
ipsius Dom. Procuratoris fiscalis notitiam, quod
quidam assertus Commissarius, per Magnificum Parlamentum Dalphin le deputatus, ad exequendum
quasdam litteras Regias & Dalphinales, super re-
missione homagii Illustris Principis Auraycensis de
ipso Principatu, factâ per Sereniss. Dom. Regem
Dalph. in brevi est venturus. Quam executionem
fiendam dicit & pronunciat idem Dom. Procurator,
per hæc scripta, indebitè & injustè, & minùs ci-
viliter fiendam esse, honore vestro salvo, causis
& rationibus subscriptis. Cum 1°. quia dicta qualis
executio non potest fieri de jure in absentiâ dicti
Procuratoris, & ipso non vocato ; imò in eâdem
vocari debet. Cum 2°. quia ipsa executio fienda,
erit in prejudicium recursûs per ipsum interponendi
ab interinatione dictarum assertarum litterarum.
Cum 3°. quia prædicta executio procederet in præjudicium & gravamen Jurisdictionis, autoritatis
Dalph. Cum & 4° quia ipse Illustris Princeps
erat & est verus vassallus, etiam ad causam Do-
minii Principatùs, præfati Dom. nostri Regis Dalph.
nec suberat causa legitima remittendi dictum homagium. Cum & 5°. quia dictus Principatus fuit
& est una clavis hujus Patriæ Dalph. cum & aliis
de causis loco & tempore, dum tempus erit, latiùs
deducendis. Idcircò cum dubitet ab eâdem exe-
cutione fiendâ gravari ; proptereà ab eâdem dicto-
que futuro gravamine & eorum sequelâ, ex causis prædictis... per hæc scripta, ex nunc, prout
ex tunc, & contrà provocat & appellat ad dictum
Sereniss. Dom. nostrum Regem Dalph. Illustrem
Gubernatorem, & Magnificum Delphinale Parlamentum, illum & illos ad quem, seu quos hu-
jusmodi appellatio de jure, stilo, & consuetudine
devolvi poterit &c. Quiquidèm Petrus Dardalheni Viguerius jam dictus pedibus stans, auditis
præmissis, visâque dictâ cedulâ, dixit eidem Nobili Guidoni de Planis atque respondit : mirum videtur quod à prætenso quodam futuro gravamine
futuri & non nominati cujusdam asserti Commissarii per Magnificum Parlamentum Dalphinale
Deputati, &c. Acta fuerunt hæc in dictâ Civitate
in Apothecâ Domûs dotalis ejus Notarii prædicti,
præsentibus ibid. &c.

P P

1499. *LETTRES DE LOUIS XII. A LA CHAMBRE des Comptes de Dauphiné, pour lui enjoindre de faire departir le Procureur General de son opposition.*

Ibid.
Registre coté
Principatus
Auraicæ.
Caisse d'O-
range.

NOs amez & feaulx, pourceque au moyen des
Octroys, que nous avons par cy-devant fait
expedier à nostre trés-chier & trés-amé Neveu
le Prince d'Orange, par lesquels lui avons entierement quitté & remis les fiefs, hommages &
subjection de la Principauté d'Orange, & aussi quitté
& dechargé nostredit Neveu de la somme de quarante mille Ecus, que nos Avocat & Procureur
Fiscaulx & Dalphinaulx ont voulu maintenir icelle
somme nous estre dûe par nostredit Neveu, n'a-
vez voulu obremperer de proceder à l'execution
& enterinement de nosdittes Lettres. A cette cause,
par meure deliberation des Gens de nostre Grand
Conseil, lui avons derechief octroyé nos autres

Lettres

Lettres Patentes, par lefquelles vous eft mandé faire jouïr noftredit Neveu, fes fuccefleurs & ayans-caufe, de l'effet & contenu en nofdittes Lettres & Octrois. Et à cette fin envoyons expreffément devers vous noftre cher & bien amé Acabie de Saulles Huiffier d'Armes & premier Huiffier de noftre Chambre ; pour vous dire & declarer amplement le vouloir que avons , que en cette matiere foit mis fin. Si voulons & vous mandons trés-expreffément , que vous contraigniez nofdits Avocat & Procureur à cefler , & eux entierement

deporter des recours, appellations, contradictions, articles & toutes autres chofes par eux mifes en avant ; le tout felon la forme & teneur d'icelles nofdittes Lettres, & y faictes au furplus, & vous y employez de voftre part, par maniere que n'y ns caufe de plus vous en efcrire , & gardez qu'il n'y ait faute. Donné au Moutil les Tours le dernier jour de Novembre. LOUYS.

A nos amez & feaulx les Gens de nos Comptes, à Grenoble.

QQ

LETTRES DE LOUIS XII. PORTANT 1501.
réunion à la Principauté d'Orange de quelques terres dependantes du Fief Delphinal, poffedées feparément par les Princes d'Orange.

LOUIS par la grace de Dieu Roy de France Daulphin de Viennois, &c. A nos amez & feaulx les Gouverneur & fon Lieutenant , & gens tenans noftre Cour de Parlement du Dauphiné feant à Grenoble, falut & dilection. De la partie de noftre Procureur Delphinal nous a efté expofé, que, vivant feu noftre trés-cher Seigneur & Oncle le Roy Charles VII. de ce nom Dauphin de Viennois & feu noftre Coufin Louis de Châlon lors Prince d'Orenge & Baron l'Arlay , par tranfaction faite entre eulx, furent jointes & unies à la Baronnie d'Arlay les terres & feigneuries d'Orpierre, Trefclous , Montbrifon, Aucedune , Mont-Royal, Curneyeres & Noveyfan audit Prince d'Orenge appartenans , & par ladite tranfaction fut dit expreffement, qu'elles ne pourroient eftre disjoinctes ne feparées ; Auffi , que noftredit Oncle ne fes fuccefleurs , ne pourroient mettre les fiefs defdittes terres & feigneuries en autres mains, ne auffi la feigneurie de Condorcet affife audit pays du Daulphiné, joincte à ladite Principauté d'Orange. Neantmoins puis certain temps en çà, fans le confentement de nous , & de nos predeceffeurs, furent & ont efté feparées & disjoinctes lefdittes terres d'Orpierre, Trefclous, Montbrifon , Aucedune , Mont-Royal, Curneyeres & Noveyfan de la Baronnie d'Arlay , & ladite terre de Condorcet dudit Principauté d'Orange , confté lefdittes tranfaction , traité... Pourquoy nous, les chofes confiderées , defirant à cette matiere pourvoir , vous mandons, commandons & enjoignons , que s'il vous appert defd. traitez & tranfaction , par lefquels lefdittes terres & feigneuries ne puiffent être feparées ne disjointes de ladite Baronnie d'Arlay , ne lefdits fiets eftre mis hors noftredit fief Delphinal, que ce neanmoins lefdittes terres & feigneuries ayent efté tranfportées , & feparées fans le confentement de nous, ou de nos prede-

cefleurs, comme dit eft , ou des chofes deffus dittes tant que fuffire doive , vous audit cas faites joindre & remettre , c'eft affavoir lefdittes terres & feigneuries d'Orpierre , Trefclous, Montbrifon, Aucedune , Mont-Royal, Curneyeres & Noveyfan à ladite Baronnie d'Arlay , & ladite feigneurie de Condorcet à lad. Principauté d'Orange pour y eftre tenus enfemblement, & comme jointes & unies à icelles, chacune en fon endroit foubs noftredit fief Dalphinal, felon & en enfuivant lefdittes tranfactions & traitez, en contraignant à ce faire ceulx qui pour ce feront à contraindre... Donné à Blois le XVIII. jour de Decembre M. D I.

CUria Parlamenti per fuum Arreftum & Sententiam diffinitivam , mentem refcripti regii infequendo dicit, & pronunciat caftra Auripetræ, de Trifcliviis dictæ Baroniæ de Arlaco, caftrum verô de Cornelio, de Montebrifone , & Parertam Noveyfani dicto Principatui Auraicæ reuniri & reftituti debere , & Dom. Principi Auraicæ & Dom. de Arlaco tenenda & poffidenda fimul cum dicto Principatu & Baroniâ de Arlaco refpectivè ; ita-quòd ab eifdem Principatu & Baronia feparari non poffint, tradi & expediri, manum Dalphinalem propterea ad effectum præmiflorum tollendo & amovendo , præftito tamen priùs & ante executionem hujus Arrefti homagio, per ipfum Principem in formâ debitâ & fecundùm naturam ipfotum feudorum, cum claufulis in infeudatione & homagiis appofitis, ..., Datum Gratianopoli die XXV. menfis Decembris ann. M. D III.

Per Dominum Locumtenentem ad relationem Cutiæ, quà erant Domini Anthonius Muleti Præf. Anthonius Putodi , A. Palmerii , Petrus Laterii, Ioh. de Ventis, Bertrand. Raboti, Jacobus Bochoni & Martinus Galiani. Ventolet.

Ibid. Regiftre coté *Alius lib. Briançonefii, Ebredun. Vapinc. Baron.*

R R

LETTRES DU ROY LOUIS XII. AU
Parlement de Dauphiné pour lui enjoindre de maintenir Guillaume Peliffier dans la poffeffion de l'Eveché d'Orange, contre les pretentions de Jean le Franc pourveu par le Pape.

1510.

Ibid.
Regiftre coté
*Principatus
Auraica.*

LOUIS par la grace de Dieu Roy de France, Dauphin de Viennois, &c. A nos amez & feaulx Confeillers les Gens tenans noftre Cour de Parlement en Daulphiné, falut & dilection. Noftre trés-chere Coufine la Princeffe d'Orange ayant à bail, gouvernement & adminiftration les biens & perfonnes de noftre trés-cher & amé Nepveu le Prince d'Orange fon fils, nous a humblement fait expofer, que comme ainfi foit, que vaccant ledit Evefché dudit Orange par le trepas de feu Maiftre Pierre Carre trepaffé en noftre Cité de Bourges, les Chanoines reguliers & Chapitre de l'Eglife dudit Orange, en enfuyvant leur ancienne couftume gardée & obfervée de tout temps, euffent efleu leur Pafteur & Evefque noftre cher & bien amé Maiftre Guillaume Peliffier Prothonotaire dudit Saint Siege Apoftolique, Docteur ez Droits, lequel auparavant eftoit de leur Coliege & Chapitre, homme de bonne vie, fame & renommée, feur & feable à nofdits Coufine & Nepveu, qui ont leurs terres & Seigneuries en pays limitrophe, lequel Peliffier depuis à cette caufe auroit efté confirmé audit Evefché par noftre amé & feal Confeiller l'Archevefque d'Arles en noftre Comté de Provence, fon immediat Superieur & Metropolitain, & depuis par lui confacré en noftre Ville & Cité de Lyon, les folempnitez en tel cas requifes gardées & obfervées. Et foit ainfi, que de tout temps & anciennerté icelle Eglife & Principauté d'Orange, par privileges à eulx par nos predeceffeurs Roys de France, Daulphins de Viennois, donnez, & par nous puis noftre advenement à la Couronne confirmez, foit foubs l'Eglife Gallicane regie & gouvernée felon les Saints Decrets & Pragmatique Xancion, ufant de Puiffance Apoftolique, & ayant de toute ancienneté accouftumé eflire leur Evefque & Pafteur, lequel dit Archevefque d Arles Metropolitain a accouftumé confirmer & confacrer; felon & enfuyvant lefquels Statuts & Ordonnances, ledit Evefque a efté bien & deuëment, canoniquement & faintement efleu, & depuis confirmé par fondit Metropolitain & immédiat Superieur, & par icelluy confacré, & depuis fait le ferment de fidelité ez mains de noftredicte Coufine fuppliante, au moyen de quoy il a depuis prins la poffeffion dudit Evefché avec fes appartenances & dependances quelconques qui font tant en noftre Pays de Dauphiné, Comté de Veniffe, que ailleurs en la Terre de l'Eglife de Rome, & d'icelluy joy paifiblement, comme encores fait de prefent, & parce ne doyve en ce eftre troublé, molefté ne empefché en aucune maniere. Ce neantmoins un nommé Maiftre Jean le Franc familier domeftique de noftre Saint Pere le Pape, puis certain temps en çà a obtenu de noftredit Saint Pere le Pape certaines Bulles Apoftoliques, inciviles & moins que juridiques, lefquelles il fe parforce & entend faire executer à l'encontre dudit Evefque, & par ce le troubler en fes poffeffion & jouiffance, fruitz, prouffitz & revenus dudit Evefché eftant, comme dit eft, tant en noftredit Pays de Daulphiné, que en ladite Comté de Veniffe & ailleurs en terre d'Eglife & de l'Empire. Et qui pis eft, fe parforce icelluy Maiftre Jean le Franc tirer ledit Evefque hors dudit Pays par Cenfures Apoftoliques, &c. Pour ce eft-il, que nous inclinans liberalement à la fupplicacion & requefte de noftredicte Coufine, voulans par ce, luy fubvenir & à fes fubjets felon l'exigence des cas, & les garder de toutes vexations & moleftations induës; vous mandons & pource-que ledit Evefché a fcituation & eftenduë en noftre Pays de Daulphiné, & que fommes Protecteur & Deffenfeur d'icelluy noftre Nepveu Prince dudit Orange, & de fes autoritez, droitz & preheminences, enjoignons que appellez ceulx qui pour ce feront á appeller, s'il vous appert, ledit Evefque avoir efté canoniquement efleu en Evefque dudit Orange, du vouloir & contentement de noftredicte Coufine fuppliante comme ayant le bail & gouvernement de noftredit Neveu fon fils, que icelluy Evefque d'Orange aye fait le ferment de fidelité accouftumé ez mains de ladite fuppliante noftre Coufine, que à ce moyen icelluy Evefque aye depuis joy & ufé paifiblement dudit Evefché, comme encores fait de prefent, que les terres & dependances dudit Evefché, fruitz & revenus d'icelluy foient tant audit Comté de Veniffe, que terre d'Eglife & de l'Empire, & des autres chofes deffufdites, ou de tant que fuffite doye; vous oudit cas, en enfuyvant nofdites Ordonnances & Conftitutions Royaulx gardées & obfervées audit Pays, faites maintenir noftredicte Coufine fuppliante en fes droitz, prerogatives & autorité, & en ce faifant, faites joyr & ufer ledit Evefque d'Orange de fondit Evefche avec fes appartenances & dépendances quelconques, en faifant ou faifant faire expreffe inhibition & deffence de par nous fur certaines & grandes peines à nous à appliquer, audit Maiftre Jean le Franc, & à tous autres qu'il appartiendra, & dont de la partie de noftredicte Coufine fuppliante ferez requis, qu'ils n'ayent à troubler ne empefcher noftredicte Coufine fuppliante en fefdits droits, prérogatives, auctoritez & preheminences, ne pareillement ne pourfuyvent ledit Evefque d'Orange pour raifon dudit Evefché, par citation & affixion d'icelluy en Court de Rome ne ailleurs hors noftre Royaulme, & ne procedent ou facent proceder à l'encontre de noftredicte Coufine fuppliante ne pareillement contre ledit Evefque d'Orange par Cenfures ou Fulminacions; mais fi aucunes Cenfures ou Fulminacions pour raifon de ce avoient ou eftoient cy-aprés faites, revoquez-les, ou faites revoquer incontinent & fans dellay, en contraignant à ce faire & fouffrir, & à bailler audit Evefque d'Orange fi pour cette caufe eftoit aucunement befoin......le benefice d'abfolution, au moins à cauthele: c'eft affavoir les Gens d'Eglife par prinfe de leur temporel en noftre main, & les Lays, fi aucuns en y a, & auffi les pourteurs defdictes Bulles & plafcars defrogeans & contraires à nofdictes Ordonnances , Saints Decrets & Pragmatique Xancion , privileges & libertez deffuidictes , par prinfe & faififfement de leurs biens , & defdictes Bulles en noftre main , arreft & detention & emprifonnement de leur perfonnes , fi meftier eft , & autres voyes & maneres deües & raifonnables , nonobftant oppofitions ou appellations quelzconques , & jufques à ce qu'ils ayent obey , & que par vous autrement en foit ordonné. Et pourceque ledit maiftre Jean le Franc fait fa refidence hors noftre Royaulme & en Court de Rome , nous voulons lefdictes inhibitions & deffences eftre faites à fa perfonne , fi trouvé & apprehendé peut eftre en noftre Royaume , pays , terres & feigneuries de noftre obeïffance ; autrement à fon de trompe & cry public ez lieux limitrophes , & où il appartiendra , & par noftredicte Coufine fuppliante ferez requis , & aux perfonnes de fon Procureur & Negociateur , fi aucun en a ; lefquelles inhibitions & deffences qui ainfi feront faites , nous voulons eftre d'un tel effet & valeur , comme fi faites avoient efté à la propre perfonne dudit Maiftre Jean le Franc , & icelles , en tant que befoin eft , avons authorifées & authorifons par ces prefentes. Car ainfi nous plaift - il eftre fait , nonobftant quelzconques Lettres fubrepticees impetrees ou à impetrer à ce contraires. Donné à Lyon le XIIII. jour d'Avril l'an de grace mil cinq

cent & dix , & de noftre Regne le XIIII. Par le Roy Dauphin à la relation du Confeil.

NOs amez & feaulx , nous avons entendu , que combienque les Chanoines de l'Eglife d'Orange ayent efleu Maiftre Guillaume Pelliffier Chanoine de ladicte Eglife , homme de bonne vie & bien fame , lequel Pelliffier ayt depuis efte confirme & facré par l'Archevefque d'Arles fon Superieur immediat & Metropolitain , les folemnitez requifes , gardées & obfervées , & neantmoins un nommé Maiftre Jean le Franc a obtenu ledit Evefché de noftre Saint Pere , & foubs couleur de fa provifion tâche de troubler & empefcher ledit Pelliffier en la jouïffance dudit Evefché , & s'efforce le vexer , travailler & molefter par Cenfures , & le tirer en Cour de Rome & hors noftre Royaume & Pays du Dauphiné , qui feroit contre nos droits , privileges & libertez de noftredit Royaume & pays du Dauphiné , laquelle chofe ne vouldions fouffrir ; & à cefte caufe avons octroyé audit Evefque d'Orange nos Lettres Patentes & Provifions fur ce à vous addreffans , comme verez. Si vous prions , & neantmoins mandons , que en enfuyvant icelles , vous tenez main pour ledit Evefque , en manere que par la voye de Rome il ne foit trouble ne molefte , ne tiré hors de noftredit Royaume & pays de Dauphiné , & qu'il n'y ait faute ; Car tel eft noftre plaifir. Donné à Lyon le XVI. jour d'Avril. LOUYS.

SS

LETTRES DU ROY FRANÇOIS PREMIER, 1520.

à la Chambre des Comptes portant un delay de fix mois en faveur de Guillaume Pelliffier , Eveque d'Orange , pour rendre Hommage du Temporel de fon Evefché. Enfuite eft l'Acte de Preftation d'Hommage & de Serment de Guillaume Pelliffier.

FRançois par la grace de Dieu Roy de France , Dauphin de V. nnois , &c. A nos amez & feaulx gens de nos Comptes & Treforiers à Grenoble ... Salut & dilection. Noftre amé feal Confeiller Me. Guillaume Pelliffier Evêque , Coadjuteur perpetuel , & Adminiftrateur de l'Eglife & Evefché d'Orange , nous a humblement fait expofer , que par avant le trepas de noftre trés-cher Seigneur , & Beau-pere le Roy Louis dernier decede , que Dieu abfoille , il fut bien , juftement & canoniquement pourveu dudit Evefché par le trepas de feu Me. Pierre Carre dernier poffeffeur dudit Evefché. Et depuis en enfuivant le bon plaifir , vouloir , & commandement de noftredit feu Seigneur & beau-pere , ledit expofant fe feroit trouvé aux Congregations Gallicanes , tant de Lyon que de Tours où il fut Sacre , dont de ce adverti le Pape Julle en hayne defdictes Congregations auroit baillé Competiteur audit Expofant oudit Evefché , un familier dudit Pape Julle , au moyen dequoy il fut procedé contre ledit Expofant par cenfures Ecclefiaftiques , pource que ledit Evefché d'Orange eft tout dans le Comté de Venaiffe & terre de l'Eglife , excepté le chef & deux autres petites Parroiffes. Et tellement auroit efté procedé que aprés plufieurs procés , tant en noftre Cour

de Parlement de Dauphiné que ailleurs , ledit Expofant a depuis certain temps ença , pacifié , appointé & tranfigé avec fon Competiteur dudit Evefché fes appartenances & dependances quelconques , à l'occafion dequoy ledit Expofant nous eft tenu faire le ferment de fidelité , que tenu nous eft faire pour raifon & à caufe du temporel dud. Evefché , ce que prefentement luy feroit impoffible , obftant fon ancien aage , & indifpofition de fa perfonne , & nous a humblement requis fur ce luy pourvoir de noftre remede convenable , humblement requerant iceluy. Pource eft-il que nous inclinans liberalement à la fupplication & requefte dudit Expofant , en confideration auffi de fon ancien aage , qui eft de foixante dix ans ou environ , à iceluy Me. Guillaume Pelliffier .... avons donné terme , refpit & fouffrance de nous faire lefdits foy & ferrement de fidelité pour raifon du temporel dudit Evefché d'Orange jufqu'à fix mois prochains , à compter du jour & datte de fes prefentes. Si vous mandons , commandons & enjoignons , & à chacun de vous , fi comme à luy appartiendra , que de noftre prefente grace , terme , refpit & fouffrance vous faites , fouffrez & laiffez ledit Expofant jouïr & ufer durant ledit temps , fans luy faire , mettre ou donner , ne fouffrir eftre

fait , mis ou donné aucun'deſtourbier ou empeſchement aucontraire en aucune manere. Et ſi ledit
temporel dudit Eveſché eſtoit pour ce , & par faute de non nous avoir fait ledit ſerrement de fidelité prins, ſaiſi , arreſté ou aucunement empeiché ,
mettez les ou faites mettre incontinant & ſans
deſlay au premier eſtat & à plaine deſlivrance ; car
tel eſt noſtre plaiſir. Donné à Carrieres le VIII.
jour d'Aouſt l'an de grace M. D XX. & de noſtre
Regne le VI.

Guillelmus Gouffier Regii ordinis miles Dom.
de Boniveto , Conſiliarius & Cambellarus Regius , Admiraldus Franciæ , Locumtenens Generalis , perſonæ que Illuſtris D. D. Dalphini Dom.
noſtri & Patriæ Dalphinalis Gubernator univerſis
& ſingulis harum ſerie notum fieri volumus. ...
Quòd Reverend. in Chriſto Pater & Dom. Guillelmus Pelliſſerii miſeratione divinâ Epiſcopus Adminiſtrator Civitatis Auraicenſis, gratis & ſpontè
in manibus Magnifici Dom. Petri Terrallii Dom.
de Bayardo Locumtenentis noſtri in regimine
Dalphinatûs , & in ſupremâ Dalphinalis Parlamenti
Curiâ, in ſtricto conſilio quo erant Magnificus &
ſpectabiles Dom. Falco de Avriliaco Miles Præſidens , Anthonius Palmerii , Franciſcus Marehi , Stephanus Oliverii , Johannes Moraidi , Jacobus Gal-
liani , Meraudus Clavelli & Meraldus Morelli jurium Doctores , Conſiliarii Dalphinales , necnon
egregii D. D. Soffredus de Chaponnay Præſidens ,
Ainardus Fleardi , Ludovicus Porterii , & Hugo
Cocti Auditores compotorum Dalphinalium , Egregii D. D. Georgius de ſancto Marcello Advocatus , Johannes Materonis Procurator Generales Dalphinatûs , informatus de juribus ſuis in hac parte ,
ut aſſerit , inſequendo Litteras Regias & Delphina-
les eidem conceſſas, per ipſum dictæ Curiæ cum
ſupplicatione oblatas , inferiùs inſertas , præſtitit
homagium & fidelitatis Sacramentum Sereniſſimo
Principi Regi Dalphino Dom. noſtro in perſonam

tamen dicti de Bayard noſtri Locumtenentis , ad
cauſam & prætextu temporalitatis & eorum quæ
ſunt de temporalitate , ratione dicti Epiſcopatûs
Auraicenſis cum juribus & pertinentiis ſuis. Confeſſuſque fuit & confitetur in præſentiâ præfati Dom.
Locumtenentis dictæ Curiæ , & ipſorum D. D.
Computorum , & ejus Notarii & Secretarii ſubſi-
gnati , ipſam temporalitatem fuiſſe & eſſe de feudo,
& ſub homagio præfati Dom. noſtri Dalphini, &
in eâdem qualitate tenere & poſſidere ipſam temporalitatem cum juribus & pertinentiis prædictis &
pro eâdem eſſe feudatarium ipſius Dom. noſtri,
Dalphini & ſuorum. Promittendo & jurando etiam
ſuper ſanctis Dei Evangeliis corporaliter tactis, ſe
ipſum & ſuos in dicto Epiſcopatu ſucceſſores tenere & tenere debere dictam temporalitatem ſub
& de homagio præfati Dom. noſtri Dalphini , ſecundùm quod facere tenetur , inſequendo homagia & fidelitatis Sacramenta dudum per ſuos prædeceſſores in Epiſcopatu prædicto præſtita , in
dictâ camerâ Computorum Dalphinalium eidem
declarata. Et ſub eodem juramento promiſit ſe
eſſe bonum, fidelem & vaſſalum ejuſdem Dom. noſtri
Dalphini ratione dictæ temporalitatis, & quòd
ipſe ſervabit omnia ea quæ continentur in novâ
& veteri formâ fidelitatis. Quodquidem homagium ipſe Dom. Locumtenens admiſit & admittit
nolque admittimus per præſentes , jure Dom. noſtri
Dalphini præfati in præmiſſis, & alieno in omnibus ſaluo, Hoc expreſſè per dictos Dom Locumtenentem & D. D. Curiæ & Conputorum re-
ſervato , & per ipſum Reverend. Dom Epiſcopum
promiſſo quòd quamprimùm poterit commodè , in
propriâ perſonâ dictum juramentum & homagium
præſtabit dicto Dom. noſtro Regi Dalphino ad
cauſam dictæ temporalitatis, non obſtante præſenti homagio. In cujus rei teſtimonium ſigil-
lum Computorum præſentibus duximus apponendum. Datum Gratianop. die XIV. Decembris ann.
Dom. M. D XX.

TT

1527. *HOMMAGE DE LOUIS PELLISSIER*
Succeſſeur de Guillaume , du Temporel de
l'Eveché d'Orange.

Ibid.
Liber Homa-
gior. præſtitor.
&c.

Franciſcus Comes Sancti Pauli Locum tenens
Generalis & Gubernator Dalphinatûs. . . . . .
Notum fieri volumus, quòd Rever. in Chr. Pater
& Dom. Ludovicus Pelliſſerii Miſer. Divinâ Epiſ-
cop. Adminiſtrator Civitatis Auraicenſ. gratis &
ſpontè in manibus ſupremæ Curiæ Parlamenti Dal-
phinatûs , in ſtricto conſilio ipſius ſupremæ Curiæ,
in quo erant nobiles ſpectabileſque & egregii viri
Dom. Falco d'Avrilliac Miles Præſidens , Bertran-
dus Raboti , Stephanus Oliverii , Jacobus Galiani ,
Meraudus Clavelli , Georgius de ſancto Marcello,
Aymarus Rivalli , Enymondus Muleti , Henricus
Marelli , & Valentinus Tardimoins jurium Doctores , Conſiliarii Dalphinales , necnon Ludovicus
Porterii , Claudius Coquier , Johannes Gauchier ,
& Johannes Materonis Advocatus Fiſcalis Generalis Dalphinatûs , informatus de juribus ſuis , ut
aſſerit , exhibitâ ſiquidèm priùs eidem Supremæ Curiæ
ejus ſupplicatione , cum quâdam Bullâ à ſanctiſſ.
Papâ moderno obtenta inferiùs , ſimul cum miſ-

ſione in poſſeſſionem illius vigore indeſignatâ in-
ſertis & regiſtratis præſtitit homagium & fideli-
tis ſacramentum ſereniſſimo Dom, noſtro Regi
Dalph. in perſonnam tamen prædictæ ſupremæ
Curiæ Parlamenti Dalph. ad cauſam & prætextu
temporalitatis & eorum quæ ſunt de temporalitate , ratione dicti Epiſcopatûs Auraicenſ. cum juribus & pertinentiis ſuis , confeſſuſque fuit & confitetur. . . . . Ipſam temporalitatem fuiſſe & eſſe
de feudo & ſub homagio præfati Dom. noſtri
Regis Dalphini , & in eâdem qualitate tenere &
poſſidere ipſam temporalitatem cum juribus & pertinentiis prædictis, & pro eâdem ſe fuiſſe, & eſſe feudatarium ipſius D. noſtri Regis Dalph. & ſuorum indict.
Dalphinatu ſucceſſorum, promittendo & jurando etiam
ſuper ſanctis Dei Evangeliis corporaliter tactis,
ſe ipſum & ſuos in dicto Epiſcop. ſucceſſores tenere , & tenere debere dictam temporalitem ſub &
de homagio præfati Dom. noſtri Regis Dalphini ,
ſecundùm quòd facere tenetur inſequendo homa-

gia ,

gia, & fidelitatis Sacramenta dudùm per fuos præ-
deceffores in Epifcop. prædicto præftita, in dictâ
Camerâ Computorum Dalph. exiftentia, eidem declarata ; & fub eodem juramento promifit, fe
effe bonum, fidelem vaffallum dicti Dom. noftri
Regis . . . Hoc expreffé retento & refervato per
dictam fupremam Curiam Parlamenti Dalphinalis

& dicto Dom. Computorum & per ipfum R. Dom.
Epifcop. promiffo, quòd quamprimum poterit
in perfona dictum juramentum & homagium . . . .
præftabit dicto Dom. noftro Regi Dalph. & nobis
ad caufam dictæ temporalitatis, non obftante
præfente homagio. Datum Gratianopoli die vice-
fimâ fecunda menfis Maij ann. Dom. M.D. XXVII.

VV

ARREST PORTANT COMMISSION 1517.

*à Bertrand Rabot Confeiller au Parlement , de reünir a
la Souveraine Jurifdiction Delphinale le Reffort & Souveraineté de la Principauté d'Orange. Enfuite eft la Procedure de reünion.*

ARtus Goufflet Comes Deftampiis , Baro de
Mauievrier . . . . . . Confiliarius & Cambellanus
Regius, Magnus Magifter Franciæ , Gubernator
Dalphinatus, Dilecto noftro Spectabili & egregio
Dom. Bertrando Rabotti jurium Doctori , Confi-
liario Dalphinali , Salutem. Quia nuper Sereniff.
Dom. nofter Rex Dalphinus per fuas Patentes Litteras nobis & Curiæ Parlamenti Dalphinalis dire-
tas, &c. Vobis harum ferie præcipimus , com-
mittimus & mandamus , quatenùs accedendo ad
dictam Civitatem Auraycæ , & alia loca neceffaria
& opportuna , Dalphinali ex parte atque noftra ref-
fortum & fuperioritatem prædictas dictæ Civitatis
& totius Principatûs Auraycenfis, qui & quæ fuerunt & funt de prædictâ fuperioritate Dalphinali,
eidem fuperioritati reuniatis , remittatifque & reponatis , & in fignum prædictæ reunionis penun-
cellos armorum Dalph. in portis ipfius Civitatis
& aliis locis neceffariis affigi & apponi faciatis &
mandetis , dictofque Officiarios revocetis , inhibea-
tifque & deffendatis ex parte quâ fuprà & fub pe-
nis prædictis . . . . . ne in cafum fuperioritatis & ref-
fortûs prædictorum, alibi ab inde in anteà recurrere
feu appellare habeant, audeant , quàm ad nos feu ad
dictam Parlamenti Curiam , & ad dictam reunionem
procedatis prout vobis juridicè videbitur in præmiffis
providendum, dictarum litterarum mentem infequendo, quoniam fic fieri in præmiffis & circa ea per quofcunque Officiarios & fubditos tam dicti Principatûs
quàm alios mediate Dalph. pareri & intendi volumus
& jubemus per præfentes. Datum Gratianopoli die 2.
menfis Martii, ann. M.D.XVII. à Nativitate fumpto,
per Dom. Gubernatorem ad relationem Curiæ quâ
erant , &c. necnon Præfidens & Auditores dictorum Computorum.

PRæfatus autem Dom. Commiffarius &c. procedendo ad ultiora fuæ Commiffionis, appellatione
non obftante , ibidèm & in præfentia Confiliario-
rum & Procuratoris necnon Nobilium Petri Dardalheni , Oliverii Cantat ac Magiftri Stephani
Quevrelli Notarii & plurimum aliorum habitatorum
dictæ Civitatis Auraycæ ibidèm congregatorum ,
circa numerum centum & ultrà, infequendo tenorem fuæ Commiffionis & fupradictarum Litterarum

Regiarum Dalphinalium reunivit & reunit fuperioritatem dicti Principatus Auraycæ fuperioritati &
reffortui Dalph. & Curiæ fupremæ Parlamenti ejufdem ab inde & in anteà exercend. per dictam
Parlamenti Curiam Dalphinalem, modo & forma
quibus erat ante alienationem dictæ fuperioritatis
factam per quondàm Regem Dalphinum Dominum
noftrum Ludovicum XII. Dom. quondàm Principi
Auraycæ ultimò vitâ functo. Caffando & revo-
cando omnes & quofcunque Officiarios qui hacte-
nus & a dictis alienatione & tranfportu citrà, exer-
cuerunt dictam Jurifdictionem fuperioritatis tàm in
dictâ Civitate & Principatu Auraycæ , quàm alibi.
Inhibendo & deffendendo præfato Dom. Principi
Auraycæ , ad pœnam apparitionis fui feudi , necnon
omnibus & quibufcunque dictis Officiariis fub pœnâ , vice quâlibet, centum marcharum auri indig-
nationifque & omni alia pœna , quam incurrere
poffent ergà dictum Dom. noftrum Regem Dalphinum, Dom. noftrum Gubernatorem & dictam
Curiam ; ne ab inde fe immifcere habeant de exer-
citio dictæ Jurifdictionis & Superioritatis in ipfâ
Civitate & Principatu Auraycæ. Similiterque in-
hibuit fubditis ipfius Civitatis & Principatus Auraycæ , fub eàdem pœnâ , ne ad dictos Officiarios
Principatus Auraycæ recurrere in cafum fuperioritatis & reffortus nec alibi , habeant , quàm coràm
dictâ infigni Curia Parlamenti Dalph. prout & fa-
ciebant ante dictam alienationem ; necnon etiam
omnibus & quibufcunque dictis fubditis & Officiariis, cujufcunque qualitatis aut præheminentiæ
fint , ne habeant contravenire prædictæ unioni . . . . . .
Ordinando nuuper , Arma Dalph. quæ tempore
dictæ alienationis erant affixa in portalibus dictæ
hujus Civitatis Auraycæ , & quæ pro tunc fuerant
remota & repofita in Ecclefia Fratrum Minorum
hujus Civitatis , reaffigi & reponi in jàm dictis
portalibus, quemadmodum erant ante ipfam alienationem, fuprà fcutum Dom. Principis Auraycæ
ibidèm exiftentem. Præcipiendo & injungendo
Nobili Nicolao Bovis Hoftiario ibidèm præfenti,
ut dicta Arma Dalphinalia, modo quo prædixit
affigi & reponi facere habeat in valvis feu portalibus dictæ Civitatis.

Ibid.
*Liber reduct.
ad Domanium
terrar. & jurif-
dict. &c.*

H

PUBLICATION DE L'ORDONNANCE
du Commissaire dans la Ville d'Orange.

Ibid.

ON vous fait à sçavoir de par le Roy Dauphin nostre Souverain Seigneur, Monseigneur le Gouverneur, Messieurs de la Cour du Parlement de Dauphiné & Monsieur Messire Bertrand Rabot Conseiller à ce deputé, que en ensuyvant le bon plaisir dudit Seigneur & le contenu en ses Lettres Patentes, sur ce mandées puis n'agueres à ladite Cour & en icelle publiées, on réunit à la souveraine Jurisdiction Delphinale & à ladite Cour de Parlement comme souveraine, le ressort & souveraineté de la Cité & Principauté d'Orange, pour d'oresenavant estre par ladite Cour exercee, à la forme & maniere qu'elle estoit paravant certaine alienation & transport d'icelle souveraineté, fait par le feu Roy Daulphin Louis XII. de ce nom à feu Monsieur le Prince d'Orange dernier decedé, en cassant & revoquant, &c. *comme cy-dessus.*

XX

1531.

ARREST DU PARLEMENT DE DAUPHINE'
sur la requisition du Procureur General, portant commission à Falque d'Avrillac de reduire sous la main du Roy la Jurisdiction superieure de la Principauté d'Orange aprés la mort de Philibert de Châlon.

Ibid.
Liber reduct.
ad Doman. ter.
jurisdict. &c.

MAgnifici Domini, apparentibus homagiis & pluribus expletis in Camerâ Computorum Dalphinalium registratis, superioritas ressortûs Principatûs Auraycæ spectant & pertinent Domino nostro Regi Dalphino, quos quidem ressortum & superioritatem præsentialiter detinent & occupant certi successores Dom. quondàm Auraycæ novissimè in expeditione Civitatis Florentinæ deffuncti, ad præjudicium Dom. nostri Regis Dalphini. Quia nuper ipsa superioritas cum ressortu juxta mentem homagiorum & tenorem, ex ressortu prædicto provenientes devolvebantur, prout devolvi debent, ad Supremam hujus Parlamenti Dalphinalis Curiam. Quare supplicatur pro parte egregii Dom. Procuratoris fiscalis Generalis Dalph. in observantiam dictorum homagiorum, & ne Princeps tali jure privetur, &c.

FRanciscus Comes Sancti Pauli, Locumtenens Generalis & Gubernator Dalphinatûs dilecto nostro spectabili viro Dom. Falconi de Avriliaco Militi, Præsidi Curiæ Parlamenti Dalph. Dom. Veyssiliaci, Salutem. Supplicationem hiis annexam, cum expletis in eâ mentionatis nobis in Curia Parlamenti Dalph. parte egregii Dom. Procuratoris Fiscalis Generalis Dalph. supplicantis in eâdem supplicatione nominati, oblatam recipimus & cum tenore maturè præmeditato, jamdictoque Dom. supplicante, instante, vobis harum serie præcipimus & mandamus, quatenùs in observantiam homagiorum de quibus supra, & ne Princeps jure suo privetur ad loca opportuna accedendo, superioritatem ressortûm Principatûs Auraycæ ad manus Dalphinales reducatis, insequendo antiquissimam consuetudinem hactenùs inconcussè observatam, secun-dùm quam adveniente morte possessorum similium feudorum, Curia Parlamenti jamdicta, feuda ipsa in signum superioritatis reducere & reduci mandare convenit ; & in signum reductionis Arma Regia & Dalphinalia in locis necessariis & opportunis apponi faciatis, informationésque super contentis in dictâ supplicatione cum testibus fide dignis, modo solito juratis & per supplicantem vobis producendis, sumatis & recipiatis, & constito de supplicatis aut de tanto quòd sufficiat, Arma Dalphinalia de quibus supplicatur avulsa in pristinum locum cum honore & reverentiâ reponatis & reponi faciatis, sumptibus illorum qui contenta in dictâ supplicatione perpetrarunt, delinquentes quos repereritis capiendo & detinendo seu capi & detineri mandando, donec processu & debitâ justitiâ ministratâ, & factâ dictâ reductione ad manus Dalphinales inhibeatis & deffendatis Dalphinali ex parte atque nostrâ, Officiariis qui ipsos ressortum & superioritatem exercent, quibus nos tenore præsentium inhibemus & deffendimus ne de talibus Officiis se intromittant. Quin imò patiantur & tollerent subditos dicti Principatûs & ipsorum causas ad curiam jamdictam Parlamenti, prout solebant, devolvere & tractare ; nam sic fieri vobisque in præmissis & circà ea per quoscunque Dalphinali & Regiæ Majestati mediatè vel immediatè subditos, pareri auxilium, consilium, operam, favorem, juvamen & alia vobis necessaria præstari volumus & jubemus. Datum Gratianopoli die IV. mensis Aprilis, anno Dom. M. D. XXXI. Per Dom. Gubernatorem ad relationem Curiæ, quâ erant Dom. Falco de Avriliaco Miles, Præses, &c. Pifard.

PUBLICATION DE L'ORDONNANCE
de Falque d'Avrillac dans la Ville d'Orange.

Ibid.

ON vous fait assavoir de par le Roy Daulphin nostre Souverain Seigneur, Monseigneur le Gouverneur, Messeigneurs de la Cour Souveraine du Parlement, & du Commandement de Monseigneur

Falque d'Avrillac Chevalier, Seigneur de Vessil-lieu, Conseiller dudit Seigneur & President en la-ditte Cour du Parlement du Daulphiné, Commis-saire à ce par icelle commis & deputé, que en ensuivant ladite Commission, le ressort & Souve-raineté du Principauté d'Orange, & souveraine ju-risdiction d'icelluy ont esté & sont reduits & mis à la main dudit Seigneur & Jurisdiction Dalphi-nalle & de ladite Cour Souveraine du Parlement du Daulphiné, pour doresenavant estre par ladite Cour exercee sous la main Dalphinalle en la forme & maniere que par cy-devant estoit accoustumé estre exercée...... Et en signe de Souveraineté a esté ordonné par ledit Seigneur & Commissaire, les Armes du Roy Daulphin en pierre estre remi-ses ez lieux, & sur les deux portes de Lyon & d'Avignon de ladite Cité, où elles estoient aupa-ravant, desquels elles avoient esté n'agueres ostées & levées, en commettant l'execution des presen-tes à Me. Odile Barin & Antoine Ledoc second Huissier de ladite Cour, & à chacun d'iceux de faire faire la publication de ces presentes.

VEneris verò sequentis XIV. mensis jàmdicti Aprilis procedendo ad ulteriora reductionis hu-jusmodi, præfatus Magister Odilus Batrini Substitu-tus nostri dicti Secretarii & Antonius Ledoc Hostia-rius Commissarii supra per præfatum Magnificum Dom. Præsidentem & Commissarium specialiter de-putati ad restitutionem Armorum Dalph. in locis quibuserant, committa insequendo & præcepta, eis vocatis & assistentibus, &c. Accesserunt ad Conven-tum FF. Minorum dictæ Civitatis Auraycæ, reper-tisque infra ipsam Ecclesiam, videlicet in duabus fenestris navis dictæ Ecclesiæ Armis ipsis Dalph. lapideis, arma ipsa Dalph. capitibus nudis & ge-nibus flexis, lautis prius manibus, coeperunt ipsi Batrini & Ledocti ad hoc communi, & cum ho-nore & reverentia decentibus, Arma ipsa super uno tapisserio lanæ reposuerunt, portarique fece-runt ad portas prædictas, primo videlicet Avenionis, & inde Lugdum prædictæ Civitatis Auraycæ, ibi-que existentibus & repertis locis à quibus ipsa Ar-ma à certo pauco tempore citra remota extiterant: videlicet supra Scuta & Arma Dom. Principis Au-raycæ in signum Superioritatis, reposuerunt, remi-serunt & restituerunt. De quibus quidem reposi-tione & restitutione Armorum Dalph. in locis præ-dictis præfatus egregius Dom. Procurator Fiscalis Generalis Dalphinalis petiit acta sibi fieri, Et ni-hilominus, ut in futurum obvietur talibus amotio-nibus Armorum, petiit inhiberi etiam generaliter & voce Præconis per quadrivia hujus Civitatis, omnibus & cujuscunque Status aut conditionis existant, sub magnis poenis & formidabilibus, amotionem dictorum Armorum Dalph.

PROTESTATION DU REGENT DE la Principauté contre l'Ordonnance du Commissaire, & la Reponse du Procureur General à ladite Protestation.

MOnsieur le Regent ou Principaluté d'Orange, avec l'assistance & Procuration de Madame Madame, Maistre Girini Vireu & des autres Offi-ciers audit Principaulte avoit ouy la proposition faite par Monseigneur Monsieur le President Com-missaire depute de par la Cour de Parlement de Grenoble & semblablement la Requeste faite par Monsieur l'Avocat du Roy audit Parlement, ledit Seigneur Regent a repondu ezdittes expeditions & requeste, que par les Traitez faits dernierement entre le Roy & l'Empereur expressément y a un Article en faveur de Monseigneur le Prince, par lequel ledit Seigneur Roy veut & declare & man-de, que ledit Seigneur Prince jouïsse de sa Princi-paulté, autorité, preheminance & en toute Souve-raineté, tout ainsi qu'il faisoit paravant, lequel Traité fut enteriné par ledit Seigneur President & Gens de la Cour du Parlement ; & en ensuivant le vouloir & mandement du Roy & de ladite interination, le Commissaire dudit Seigneur fit lever les Armes du Roy lots estans ez portes d'O-range. Et depuis Monsieur le Prince a joüy & continué sa possession & Souveraineté sans point de contradiction, ainsi qu'il est notoire & que le Roy n'a point declare vouloir venir au contraire, &c. Pourquoy a requis superceder à toutes executions & assictions d'Armes du Roy. Et en cas que ledit Seigneur President procede ausdits actes au préju-dice de ladite autorité & Souveraineté, a protesté d'en recourir & de tous interests, & a requis su-perceder aux fins qu'il informe Madame Madame la Princesse, pour après ladite Dame en avertir le Roy, ainsi que son bon plaisir sera, & a demandé la copie desdittes Lettres Dominicales, &c.

PArs Fiscalis deliberando super præsenti cedulà dixit, quòd ad illa cedulata non debet haberi respectus, & maximé ad id quod in eâ continetur dùm opponitur de Articulo prædicti Tractatûs...... virtute cujus prætendit Dom. Regens Principatûs Auraycæ, quòd jamdictus Princeps Dom. noster Rex Dalphinus, remisit Dom. Principi Auraycæ no-vissimè defuncto jamdictam Principatum Auraycæ cum illius Superioritate & restortu ; quia respondet ad id, quòd si ad tenorem illiûs præsentis Arti-culi attendatur, jam dictus Princeps Dom. noster Rex Dalph. in fine dicti Articuli declaravit & de-clarat, se nolle plus juris ipsi Principi Auraycæ remittere neque attribuere, quàm prius haberet idem Princeps suique prædecessores ; quiquidem Princeps neque sui prædecessores ipsam superiori-tatem non habebant itaanque non tenebant, quin-imò Dom. noster Dalph. cum titulo oneroso & ex acquisitione de eâdem superioritate factâ pretio quadraginta mille Scutorum, realiter & cum effe-ctu solutorum ; & quæ quidèm superioritas fuit per venditorem illius, Dom. nostro Regi Dalph. recognita, & homagium illius prætextu factum, pluraque alia fuere subsecuta homagia de eâdem Superioritate, de quibus præmissis fuit prompta facta fides Dominis supremam Curiam Dalphinalem tenentibus, qui, ..si prædicta expletis, pro conser-vatione jurium Dalphinalium decreverunt, reduc-tionem dictæ Superioritatis quam detinebat defun-ctus novissimè Princeps, fore ad manus Dalphina-les reducendam, vobisque Magnifico Dom. Præfidi commissionem reductionis commiserunt, quæ redu-cta rité & recté factà per vos extitit, sic quòd nihil aliud restat ad exequendum. Et in quantum asseritur quòd præmissam reductionem faciendo, est contravenire prædictis conventionibus Principum, dicit, quòd per hoc nullo pacto contravenitur ; quia jus prætensum dicti Principis Auraycæ illæ-sum & salvum sibi remanet, & pariter nostro Regi Dalphino in suâ Superioritate...... quin imò pro-testatur dicta pars Fiscalis de agendo contra quos

Ibid.

decuerit, ad rationem detentionis & usurpationis ipsius superioritatis & evictionis Armorum Dalph. à locis in quibus erant affixa in lignum dictæ su-

periotitatis ; & ab indè vos Magnifice Præses estis functus officio vestro & proptereà petit cedula ipsa rejici.

Y Y

1551. *LETTRES DE DON DE LA PRINCIPAVTE' d'Orange en faveur de la Reine Loüairiere d'Ecosse, addressees à la Chambre des Comptes de Dauphiné.*

Ibid.
Registre coté
*Principatus
Auraicæ*, Caisse d'Orange,
& *lib. 4. cop.
Valent. & Diens.*

HEnri par la grace de Dieu Roy de France, Dauphin de Viennois, Comte de Valentinois & Dioys. A nos amez & feaulx les Gens de nos Comptes & General ayant la charge & administration de nos Finances en Dauphiné, Salut & dilection. Comme au moyen de la guerre ouverte entre nous & l'Empereur nous puissions disposer de la joüissance des Principauté d'Orange, membres, appartenances & dependances d'icelle, pour estre le Prince dudit Orange au service dudit Empereur portant les Armes contre nous, estant ladite Principauté tenuë en Souveraineté de nous à cause de nostre Pays du Dauphiné, sçavoir faisons, que pour aucunes bonnes, justes & raisonnables causes & occasions à ce nous mouvans, lesquelles nous tenons cy-aprés pour toutes specifiées & declarées, inclinant liberalement à la supplication & requeste, qui faitte nous a esté de la part de nostre trés-chere & trés-amée Sœur & Cousine la Reine Doüairiere d'Ecosse, laquelle en toutes choses nous desirons bien & favorablement traiter, à icelle avons par ces presentes donné & donnons.... la joüissance desdittes Principauté d'Orange, membres & dependances d'icelle, pour en prendre, percevoir...... les fruits, profits........ sans en rien excepter, retenir ni reserver, fors seulement les foy & hommage, ressort & souveraineté, & à la charge de payer & acquitter par nostredite

Belle-sœur...... les fiefs, aumònes, gages d'Officiers & autres charges ordinaires & anciennes estant sur ladite Principauté d'Orange. Si vous mandons que de nos presens dons, octrois & delais vous faittes, souffrez & laissez icelle nostreditte Belle-sœur joüir & user plainement & paisiblement, tout ainsi & par la forme & maniere que dessus est dit, en luy baillant & deslivrant, ou faisant bailler & deslivrer la plaine & entiere possession & joüissance d'icelle Principauté d'Orange, membres, appartenances & dependances d'icelle, cessans & faisant cesser tous troubles & empeschemens au contraire &c. & rapportant cesdittes presentes signées de nostre main ou *vidimus* d'icelles fait sous seel Royal pour une fois, & reconnoissance de nostreditte Belle sœur de la joüissance de ce present don sur ce suffisante seulement, nous voulons celuy ou ceux de nos Receveurs & Comptables qu'il appartiendra & à qui ce pourra toucher, en estre tenus quittes & dechargez par vous Gens de nos Comptes, vous mandant de rechief ainsi le faire sans aucune difficulté ; Car tel est nostre plaisir, &c. Données à Annet le v. jour d'Octobre l'an mil cinq cent cinquante-ung, & de nostre regne le cinquiéme. Ainsi signé, Henry ; & au dessous, Par le Roy, Mr le Cardinal de Lorraine present, par moi Secretaire soussigné, Ferrand.

Z Z

1551. *REQUESTE PRESENTE'E A LA CHAMBRE des Comptes de Dauphiné au nom de la Reine d'Ecosse, pour l'enregistrement des Lettres de don par elle obtenuës de la Principauté d'Orange. Ensuite est l'Ordonnance de la Chambre.*

Ibid.
Registre coté
*Principatus
Auraica.*

PLaise à Nosseigneurs des Comptes du Dauphiné verifier & interiner les Lettres Patentes du Roy cy-attachées, données à Annet le v. jour d'Octobre dernier passé, par lesquelles & par les causes en icelles contenuës, ledit Seigneur Roy Dauphin a donné à la Reine Dohairiere d'Ecosse, la joüissance des Principauté d'Orange, membres, appartenances & dependances d'icelles, pour en prendre & percevoir, & par ses Procureurs, Receveurs, Fermiers & Deputez faire prendre & recevoir les fruits, profits, revenus & émolumens doresnavant par chascun an, ainsi que plus à plain est contenu esdittes Lettres Patentes & selon leur

forme & teneur ; & ferez bien. Ainsi signé, De Beaucaire.

Les Gens des Comptes du Dauphiné, Conseillers du Roy nostre Sire, à tous ceux qui ces presentes Lettres verront, Salut. Sçavoir faisons, que veu par nous au Bureau de la Chambre des Comptes les Lettres Patentes dudit Seigneur données à Annet le v. jour du mois d'Octobre dernier passé par ledit Seigneur Roy, signées & scellées en cire rouge à simple queuë, par lesquelles & pour les causes en icelles contenuës, iceluy dit Seigneur a donné à la trés-chere & amée Sœur & Cousine la Reine Dohairiere d'Ecosse, la joüissance

des

des Principauté d'Orange, membres, appartenances & dependances d'icelle ; & pour en prendre & percevoir, ou pour ses Procureurs, Receveurs, Fermiers & Deputez faire prendre & recevoir les fruits, profits, revenus & emolumens d'oresenavant par chacun an, pendant & durant l'ouverture de la guerre d'entre ledit Seigneur & l'Empereur, à commencer du jour d'icelle ouverture . . . . . sans rien y excepter, fors seulement les foy & hommage, ressort & Souveraineté, &c. Nous avons verifié & interiné par ces presentes lesdittes Lettres Patentes du Roy selon leur forme & teneur, suivant le contentement du Substitut du Procureur General dudit Seigneur . . . . En foy dequoy nous avons fait mettre le seel de ladite Chambre à cesdittes presentes. Donne à Grenoble en iceledditte Chambre le X. jour de Decembre l'an, M. D. LI. Ainsi signé par sdits Seigneurs des Comptes du Dauphiné, scellees a simple queuë de cire rouge.

A A A

ARREST DE LA CHAMBRE DES COMPTES, portant Commission à l'un des *Maistres* de ladite Chambre, de mettre en possession la Reine d'Ecosse de la Principauté d'Orange & des Revenus en dependans.

1 5 5 1.

REquiert la Reine Dohairiere d'Ecosse, comme vous luy auriez verifié & interiné les Lettres de don que le Roy luy a fait, de la joüissance des Principauté, membres, appartenances, & dependances d'Orange jouxte leur forme & teneur, si qu'il ne reste qu'icelle Dame & Reyne soit mise & instituée en la possession de ladite Principauté, membres & dependances susdittes ; ce considere, vous plaise deputer tel d'entre vous qu'il vous plaira, pour mettre en possession réelle, actuelle & corporelle ladite Reyne, en la personne de son Procureur deubement fondé, jouxte la forme & verification desdictes lettres, ainsi signé de Beaucaire &c.

LEs Gens des Comptes du Dauphiné Conseillers du Roy nostre Sire, au premier des Maistres & Auditeurs des Comptes sur ce requis, Salut.

En ensuivant l'appointement mis au bas de ladite requeste, cy ensemble les Lettres Patentes & autres pieces mentionées en ladite requeste, attachees sous le contrescel, à nous d. la part de la Reyne Dohairiere d'Ecosse presentée ; nous vous mandons & commettons par ces presentes, que en vous transportant sur les lieux pour ce requis & necessaires, vous mettiez en possession réelle, actuelle & corporelle ladite Reyne Dohairiere d'Ecosse, de la Principauté d'Orange, ses membres, appartenances & dependances ; d'iceulx la faites joüir & user plainement & paisiblement, ou les gens deputez suivant la forme & teneur desdittes Lettres Patentes . . . . Donné à Grenoble en la Chambre desdits Comptes, l'onsiéme jour de Decembre l'an M. D LI. Ainsi signé par mesdits Seigneurs des Comptes du Dauphiné, Ferrand. Scellée à simple queuë de cire rouge.

Ibid.
Registre coté
Principatus
Auraica, Caisse d'Orange,

BBB

LETTRES DU ROY HENRI II. ADRESSE'ES conjointement au Parlement & à la Chambre des Comptes, portant pouvoir à la Reine d'Ecosse de nommer aux Offices de la Principauté d'Orange. Ensuite est l'Ordonnance du Parlement & de la Chambre des Comptes sur la Requeste de la Reine d'Ecosse, pour l'execution & publication desdites Lettres.

1 5 5 1.

1 5 5 2.

HEnry par la grace de Dieu &c. A noz amez & feaulx les gens de nos Cours de Parlement & de nos Comptes en Dauphiné . . . . Comme en octroyant & delaissant par nous à nostre tres-chere & trés-amée bonne Sœur la Reine Douariere d'Ecosse, la joüissance de la Principauté d'Orenge, membres, appartenances, dependances d'icelle, à nous advenuë & échue au moyen de l'ou-

Ibid.
Registre 5.
Lib. cop
Valent.& Dienf.

I

verture de la guerre, d'entre nous & l'Empereur, nous euffions voulu & entendu, comme nous faifons encore deprefent, que noftrediite bonne Sœur jouift & ufât de la provifion & difpofition aux Offices de ladiette Principaute, tout ainfi & en la propre forme & maniere qu'en ont joüi & ufé les proprietaires & detenteurs d'icelle Principauté ; toutefois pource que ez Lettres que nous luy avons fait expedier dudit octioy & deflay, nofdits vouloir & intention n'ont efté affez amplement fpecifiez & declarez, vous pourriez faire difficulté de les laiffer joüir & ufer, fans avoir fur ce nos Lettres de Declaration à celle fin ; à cette caufe nous avons declaré & declarons, que nous avons toûjous voulu & entendu . . . que noftrediite bonne Sœur la Reine Douariere d'Ecoffe ait, joy & ufe, jouiffe & ufe pendant & durant ladiette ouverture, de ladiette provifion & difpofition aux Offices de ladiette Principaute d'Orenge, tout ainfi & en la forme & maniere qu'en ont joy & ufé les proprietaires & detenteurs d'icelle, &c. Donné à Fontainebleau le xxix. Janvier l'an de grace M.D.LI. & de noftre Regne le cinquiéme. Ainfi figné, Par le Roy Dauphin, Mr le Cardinal de Lorraine prefent, du Thier ; & fcellées en cire jeaune au grand feau & à fimple queuë.

A nos Seigneurs de Parlement.

SUpplie humblement la Reine Douariere d'Ecoffe. Comme il auroit pleu au Roy luy laiffer la joüiffance de la Principauté d'Orenge, membres, dependances d'icelle, de laquelle voulonté dudit Seigneur ladiette Suppliante en auroit à toutefins obtenu la Declaration cy-attachée. Ce confideré plaira à la Cour ordonner qu'elle fera luë, &c.

Soit communiqué au Procureur General du Roy. Fait à Grenoble en Parlement le xxiii. Fevrier M.I LII.

Non impedio, à la charge toutefois que ceux qui feront par cy après pourveus des Offices, feront tenus faire intrriner & veriffier, recevoir le ferment & eftre paynez ceans felon les Edits & Ordonnances du Roy fur ce, de quelque nature que lefd. Offices foient. Fait lexxiii. Fevrier M. D. LII. G. Sermentes Subftitut du Procureur General.

Leuës, publiées & enregiftrées *Audio Procuratore Generali Regis aut ejus Subftituto eo abfente* ; Ordonné que femblable publication & lecture fera faite au fiege de la Judicature d'Orenge. Fait à Grenoble en Parlement le xxiii. jour de Fevrier l'an M. D. LII.

A nos Seigneurs des Comptes.

SUpplie humblement la Reine Douariere d'Ecoffe Princeffe d'Orenge, comme elle auroit obtenu la Declaration du Roy cy-attachée, aux fins d'icelle faire lire, publier & enregiftrer, tant en Cour de Parlement de ce pays, que auffi en ladiette Chambre des Comptes dudit pays, où lefdittes Lettres de Declaration font dirigées refpectivement, comme appert par la lecture d'icelles.

Soit communiqué au Procureur General du Roy. Fait au Bureau le iii. Mars M. D. LII.

Non impedio à la forme des conclufions par nous prinfes fur femblable requette pardevant la Cour, Audoyer Subftitut du Procureur General.

Leuës, publiées & enregiftrées, ouy & requerant le Subftitut du Procureur General du Roy en fon abfence. Fait à Grenoble en la Chambre des Comptes le vii. Mars M. D. LII.

CCC

LETTRES DU ROY CHARLES IX. AU Parlement de Dauphiné, pour maintenir les Habitans d'Orange dans le droit de porter leurs Caufes par appel audit Parlement.

1568.

NOs Amez & feaux, vous fçavez l'expedition que nous avons par cy-devant faite, aux Confuls, manans & habitans de la Cité & Principauté d'Orange, pour les recevoir en appel en dernier reffort en noftre Cour de Parlement de Dauphiné, par quoy nous vous en ferons aucune redite par la prefente ; mais parce que nous avons puis n'agueres efté averti que celui de nos Huiffiers, qui auroit efté commis pour l'execution de nos Lettres Patentes obtenuës à celle fin, auroit efté empefché, & ce faifant fes Lettres oftées, & luy conftitué prifonnier l'efpace de trois mois, avec toutes les rigueurs poffibles ; chofe que nous ne pouvons trouver que très eftrange, & au mepris & contempnement de noftre authorité, dont nous nous voulons bien reffentir. A cette caufe & que pour ce faire vous avez les moyens neceffaires par delà, nous vous mandons, ordonnons & expreffément enjoignons, que incontinant & fans delay vous pourvoyez en cet endroit par les voyes de Juftice, felon & ainfi qu'il appartiendra, & faites en forte & de ce conftte, que nous foyons hobeis & maintenus en noftre authorité. Et là où vous y trouverez aucun empefchement ou contradiction, pour à laquelle remedier fuft befoin d'autres provifions de deça, vous ne faudrez de nous en avertir incontinent, & il y fera tout auffitoft fatisfait par les moyens que nous avons en main. Et à ce ne faites faute ; car tel eft noftre plaifir. Donné à Paris le XI. jour de May M. D. LXVIII. Signé Charles, & au-deffous, Robert.

Et au-deffous eft efcrit : à nos amez & feaulx les Gens de noftre Cour de Parlement de Dauphiné feant à Grenoble.

DDD

PROVISIONS DU GOUVERNEMENT d'Orange données par Charles IX. avec ordre au Gouverneur de tenir la main à l'administration de la Justice sous l'autorité du Parlement de Dauphiné & des Officiers établis par ledit Parlement.

1569.

Ibid.

CHarles par la grace de Dieu Roy de France, Dauphin de Viennois, &c. A noſtre amé & feal Chevalier de noſtre Ordre Foulque de Tholon Sieur de Sainte Jalle, Capitaine de cent chevaux legers, Salut. Comme nous eſtant voulu ſervir au fait de nos guerres de noſtre amé & feal auſſi Chevalier de noſtre Ordre & Gentilhomme ordinaire de noſtre Chambre le Sieur de la Molle, par nous cy-devant pourveu du Gouvernement de la Ville, Chateau, & Principauté d'Orange, nous ayons puis n'agueres, commis, ordonné & deputé audit Gouvernement noſtre amé & feal auſſi Chevalier de noſtre Ordre le Sieur de Rochefort ; mais parce que nous avons depuis aviſé nous ſervir ailleurs de luy, & que pour s'eſtre à nous rebellé & nouvellement impatroiné de noſtre Ville de Niſmes voiſine de ladite Principauté, il eſt bien requis & neceſſaire deputer & commettre quelque bon, vaillant & experimenté perſonnage pour Gouverneur de ladite Principauté, lequel y puiſſe avoir l'œil & même authorité & commandement, qu'y avoit cy-devant ledit Sieur de la Molle, pour garder que noſdits Ennemis n'y facent aucune entrepriſe ; Sçavoir vous faiſons, que nous à plain confiant, &c. Nous vous avons commis . . . pour Gouverneur & noſtre Lieutenant General en noſtre Principauté d'Orange, au lieu & place du Sieur de Rochefort, vous donnant pouvoir de vous tranſporter en ladite Ville & Chateau d'Orange, & en icelle, enſemble à tout le reſte de ladite Principauté commander & eſtre Chef . . . faire vivre les ſujets, manans & habitans d'icelle, en bonne paix, concorde & union ſous le benefice de noſdits Edits & Ordonnances, que nous voulons & entendons y eſtre obſervées comme au reſte de noſtre Royaume : tenir mainforte à juſtice, à ce qu'elle ſoit ſincerement adminiſtrée ſous noſtre authorité & de nos amez & feaulx les Gens tenans noſtre Cour de Parlement de Dauphiné, enſemble des Juges & Officiers par elle établis ou à établir : prendre garde que les domaines, & revenus de la Principauté ne ſe deperiſſent ; mais iceux faire recevoir, enſemble les deniers provenans de la rente des biens & bail à ferme des immeubles de ceux qui portent les armes contre nous, par les Receveurs & Commiſſaires deputez par noſtredite Cour, ou les Commiſſaires à ce par elle commis, pour les diſtribuer, en rendre compte, ſelon que par nous ſera ordonné, & generallement faire en ladite charge ce qui en depend, &c. Donné au Camp de Luret prés de Saint Jean d'Angely le X. Decembre M. D LXIX. & de noſtre Regne le IX. Signé Charles, par le Roy Dauphin, de Laubeſpine.

FIN.

A GRENOBLE, De l'Imprimerie de G. GIROUD, Fils, Ruë Madeleine prés les Cordelliers.